Kardinal
von
Galen
Schulen

Kardinal
von
Galen
Schulen

Liebe Absolventin, lieber Absolvent!

Wir gratulieren Ihnen von Herzen zum Schulabschluss
und wünschen Ihnen für Ihren neuen Lebensweg
Kraft und Ausdauer, ein gesundes Selbstvertrauen,
einen festen Glauben, großen Erfolg,
viel Glück und ganz viel Freude!

Mettingen, im Juni 2013

(Vorstand des Vereins der Schulfreunde e.V.)

(Anschaffung der Bücher mit freundlicher Unterstützung der Kreisparkasse Steinfurt,
der Volksbank Tecklenburger Land eG, der Gerth Medien GmbH sowie Abtprimas Notker Wolf)

ABTPRIMAS
NOTKER WOLF

Schmetterlinge im Bauch Warum der Glaube Flügel verleiht

adeo

Verlagsgruppe Random House FSC-DEU-0100
Das FSC-zertifizierte Papier *Munken Premium Cream* für dieses Buch
liefert Arctic Paper Munkedals AB, Schweden

1. Auflage März 2011
2. Auflage März 2011
Bestell-Nr. 814 227
ISBN 978-3-942208-27-7

Umschlaggestaltung: Buttgereit & Heidenreich GmbH, Haltern am See
Umschlagbilder: Abtprimas Notker Wolf (privat),
iStockphoto (David Hillerby, Burt Johnson, Ismael Montero Verdu)
Satz: Marcellini Media GmbH, Wetzlar
Druck und Verarbeitung: GGP Media GmbH, Pößneck
Printed in Germany

Inhalt

Teil 1

Warum soll ich überhaupt glauben?

Fester Boden unter den Füßen

„Warum sehen Sie so froh aus?"

Mit dieser Frage, die mir von einer Besucherin in Rom gestellt wurde, beginnt die Geschichte dieses Buches. Sie begegnet mir immer häufiger. Kein Wunder, denn wer möchte kein glückliches Leben führen? Wer einem anderen diese Frage stellt, ist lebendig und neugierig geblieben und offenbart die eigene Suche ebenso wie eine Offenheit für die Antwort des Gegenübers. Oft verändert diese Frage die gesamte Gesprächsatmosphäre. Denn meine Antwort hat viel damit zu tun, was mich im Leben trägt.

Die Frage nach der Freude ist viel zu wichtig, um sie mit einer raschen Floskel zu beantworten. Was verstehe ich unter Lebensfreude? Was trägt mich? Was ist Ihre Definition? Was haben Sie als Fundament Ihres Lebens erfahren?

Mein Leben als Mönch ist sicher in vieler Hinsicht ganz anders als Ihres – andererseits haben wir doch dieselben Wünsche, Sehnsüchte und Fragen.

Meine Antworten ergeben sich aus den Erfahrungen meines Lebens. Sie schenken mir – so viel sei hier verraten – eine große innere Freiheit.

Überrascht Sie das? Das Gefühl von Freiheit bei einem Mönch, der doch scheinbar einem strengen Regelwerk zu folgen hat? Vielleicht überrascht es Sie noch mehr, dass viele meiner Erfahrungen ganz ähnlich sind wie Ihre eigenen. Deshalb möchte ich von ihnen berichten.

Ein Fundament, das frei macht

Wer Fragen an das Leben hat, wer bereit ist, sein Leben mit allen schönen und weniger schönen Seiten zu hinterfragen, ist noch auf der Suche. Das mögen einige als Schwäche auslegen; vor allem die, die auf alles eine Antwort haben. Für mich sind suchende Menschen starke Menschen, weil sie eine Ahnung in sich spüren, dass hinter ihrem Leben ein großer Sinn steht, den es zu entdecken gilt. Suchende Menschen sind Menschen, die sich noch bewegen, die sich nicht mit vorschnellen Antworten zufrieden geben. Sie wollen stattdessen bei sich selbst ankommen. Es sind Menschen, die die Zerrissenheit des eigenen Lebens nicht ausklammern, sich ihr stellen und sich auf ihren eigenen Weg machen.

Wo stehen Sie gerade? Haben Sie Ihren Platz im Leben gefunden? Oder spüren Sie, dass es einiger Veränderungen – kleinerer oder größerer – bedarf? Was können dann Leitlinien sein?

Es wird Sie nicht überraschen: Meine Antworten werden von meinem Glauben berichten. Gleichzeitig bin ich mir nicht immer sicher, ob meine Sicht auf das Leben heute noch verstanden wird, denn der Glaube wird für viele Menschen immer mehr zur Zerreißprobe. Manche wollen gerne glauben, (ver)zweifeln aber an ihren eigenen Fragen oder den Erfahrungen, die sie mit der Kirche gemacht haben. Für andere Menschen stellt sich die Frage nach dem christlichen Glauben überhaupt nicht mehr, er ist schlicht nicht mehr relevant. Und dort, wo wir überhaupt noch religiöse Zusammenhänge wahrnehmen, lesen wir über Missbrauchsskandale, Pille und Kondome oder die Ehelosigkeit der Priester.

Ich möchte Ihnen in diesem Buch von der Schönheit, dem Trost und dem Glück des christlichen Glaubens berichten.
Glück, Trost, Schönheit: Verbinden Sie diese Worte mit dem

christlichen Glauben? Wenn ja, dann lassen Sie uns von unseren Erfahrungen erzählen. Und wenn Sie genau das nicht mit dem christlichen Gott verbinden, würde es mich sehr freuen, wenn Sie sich mit mir auf den Gedanken einlassen, dass es vielleicht auch diese Seite geben könnte.

Kann ich Sie dafür gewinnen?

Durch mein Wirken als Abtprimas der Benediktiner bin ich weltweit unterwegs. Und oft berührt es mich zutiefst, wenn ich die Glaubensfreude und das Gottvertrauen in anderen Ländern erleben darf. Dann wird mir immer wieder deutlich, wie sehr unsere eigenen Glaubenserfahrungen von dem kleinen Mosaiksteinchen geprägt sind, auf dem wir, oft in der Kindheit, Erfahrungen sammeln konnten. Hinter diesem einen Teilchen steht aber ein großes Mosaik. Zusammengesetzt aus unzähligen bunten Teilen voller Gebet, Musik, Gemeinschaft. Gemalt in den Farben der Hoffnung, der Annahme, der Fürsorge; Puzzleteile, die wir vielleicht einfach noch nicht entdeckt haben.

Erinnern Sie sich daran, wie Sie sich das erste Mal verliebt haben?

Vorher hatten Sie vielleicht eine Ahnung, wie das sein könnte. Aber diese Schmetterlinge im Bauch, als es dann wirklich passierte, dieses unablässige Denken an den anderen, diese wackligen Knie, wenn Sie Ihren Traumpartner gesehen haben, all das war vermutlich wie der Wechsel vom Schwarzweiß- auf den Farbfernseher. Und so ähnlich kann es mit dem Glauben sein. Halten wir es doch einfach für möglich, dass unsere bisherigen Erfahrungen nur ein Teil dessen sind, was ein Leben mit Gott ausmachen kann. Und dass es da draußen eine ganze Welt zu entdecken gibt, die viel größer, bunter und schöner ist, als Sie es bisher für möglich gehalten haben.

Ich möchte Sie mitnehmen in das ganze, große, bunte Bild des christlichen Glaubens. Eine Reise, Schritt für Schritt.

Warum soll man überhaupt noch glauben? Darum wird es zunächst gehen – und dabei auch um die Anfangsfrage, warum ich so froh aussehe und es tatsächlich auch bin. Anschließend möchte ich Ihnen davon berichten, wie ich versuche, meinen Glauben im Alltag zu leben und wie Ihnen das auch gelingen kann, wenn Sie dies möchten. Ein Alltag, in dem ich Gott Raum gebe, verliert alle „Alltäglichkeit", weil er von Gott selbst mitgestaltet wird und mich nicht unverändert lässt. Und deshalb kann aus dem christlichen Glauben eine Lebensperspektive werden, die Ihnen Freiheit verleiht.

Erschreckt Sie die Aussicht, dass Gott sich in Ihr Leben einmischen könnte? Ich hoffe nicht. Wer sucht, ist mutig. Wer den eigenen Fragen nicht ausweicht, setzt die Segel für ein neues, erfülltes Leben und wird von den Stürmen nicht mehr hin und her geworfen. Er steht wie ein fester Baum souverän in der Landschaft des eigenen Lebens, manchmal vom Wind zerzaust. Aber: Er steht aufrecht – weil er tief verwurzelt ist. Ein Bild, das uns zum nächsten Kapitel führt.

Endlich ankommen

Was steckt eigentlich im Tiefsten hinter dem Gefühl, dass andere Menschen mehr über mein Leben bestimmen als ich? Der Chef, dem ich es nicht recht machen kann. Der Partner, von dem ich mich mit seiner permanenten Erwartungshaltung unter Druck gesetzt fühle. Die unsichtbaren Regeln im Freundeskreis, die Rollenerwartungen meiner Nachbarn, im Verein oder in der Gemeinde. Erst recht werden in einen Abtprimas die unterschiedlichsten Rollen hineinprojiziert. Flieger und E-Gitarre sollten ihm eigentlich fremd sein. Doch beides gehört zu mir.

Niemand bedenkt die Notwendigkeit meiner Präsenz bei den Versammlungen auf den verschiedenen Kontinenten; keiner scheint zu wissen, was Liebe zu den Menschen praktisch bedeutet. Und wir stecken mittendrin, versuchen, nach Luft schnappend, allen Erwartungen an uns gerecht zu werden.

Warum?

Wir alle haben eine tiefe Sehnsucht in uns: Wir möchten angenommen und geliebt werden. Das treibt die meisten Menschen letztlich an. Kann ich mir das eingestehen? Oder spüre ich den Impuls, diese Aussage zu relativieren?

Nein, der große zeitliche Aufwand für die Firma ist doch nötig, da habe ich eine wichtige Verantwortung. Die Kinder sollen doch gefördert werden, deshalb ermögliche ich ihnen all diese Freizeitaktivitäten. Und das Gemeindefest? Gemeinschaft kann nicht funktionieren, ohne dass wir uns einbringen. Den Kuchen backe ich doch gerne. Vorher schaue ich noch rasch bei der Nachbarin rein, die mich eingeladen hat. Gut, ich kann sie eigentlich nicht leiden, aber um der guten Nachbarschaft willen muss es halt sein. Mein Chef braucht allerdings noch eine Auswertung bis morgen früh, und der Einkauf ist auch noch nicht erledigt. Und abends, wenn die Kinder endlich schlafen, kehrt die Ruhe ein, nach der ich mich sehne. Aber mein Partner, ich spüre es, denkt noch nicht ans Einschlafen.

Verstehen Sie mich nicht falsch: Die Welt braucht Menschen, die nicht nur an sich denken, sondern Verantwortung für ihre Familie, ihren Beruf und ihre Umgebung übernehmen. Aber das ist immer nur die eine Seite der Medaille. Die andere erzählt von der Anerkennung, die Sie bekommen. Die Bemerkung vom Chef, Sie seien unersetzlich. Der Dank vom Pfarrer, weil Sie beim Gemeindefest auch noch beim Bierausschank eingesprungen sind. Und die Anerkennung in Form von äußeren Zeichen des Erfolgs.

Das Getriebensein unserer Tage, persönlich wie gesellschaftlich, liegt vielfach in unserem Streben nach Anerkennung begründet. Wir möchten wahrgenommen werden, einen Sinn in unserem Leben spüren. Und: funktioniert es? Ich habe da meine Zweifel.

Zu viele Menschen fühlen sich leer, die Zahl psychischer Erkrankungen steigt rapide, das Burnout-Syndrom ist an der Tagesordnung. Da ist offensichtlich etwas grundsätzlich aus dem Ruder gelaufen. Dieser Lebensentwurf führt immer mehr Menschen in eine Sackgasse, an einen Punkt, an dem sie merken, dass es so nicht weitergehen kann.

Das Problem liegt darin, dass wir uns Anerkennung und Liebe erarbeiten wollen, sie uns von außen einholen möchten. Und so lange das mein Lebensansatz ist, werde ich immer hinter der Anerkennung Dritter herjagen und muss ihren Bedingungen genügen. Es ist ein Hamsterrad geworden, dieses Leben nach dem „Schneller-Höher-Weiter"-Prinzip.

Die Vergleichs-Falle

Mindestens genauso schlimm ist das ständige Vergleichen. Dass wir dieser Falle aufgesessen sind, merken wir an der Befriedigung, die wir spüren, wenn wir etwas besitzen, das andere nicht haben. Oder eben an der eigenen Unzufriedenheit, wenn Anderen Möglichkeiten offen stehen, die uns verschlossen bleiben.

Dabei wünschen wir uns doch nur das eine: Wir möchten geliebt, wahrgenommen und anerkannt werden. Wir möchten in einem Gefühl der Freiheit leben. Und hier beginnt sie, die Antwort auf die Frage nach dem Glück.

Sie tauchte für mich auch bei einem Besuch japanischer Buddhisten in Rom auf. „Warum seid ihr westlichen Mönche so frohe Menschen?", wurde ich gefragt. Es gibt darauf eine einfache Antwort, die doch so schwer begreiflich ist:

Wir sind geliebt von unserem Gott, der über allen wohnt. Das gilt für jeden von uns, und jeder kann das auch so erfahren. Es ist eine Liebe, die nie untreu wird.

In diesen Sätzen steckt das, was mich im Tiefsten trägt. Ich bin geliebt und angenommen. Ich muss den Verlust dieser Liebe nicht fürchten, denn dieser Gott wird mich immer lieben, sogar und auch mit all den Seiten an mir, die mir selbst nicht gefallen.

Lassen wir das doch mal sacken. Der Satz ist schnell gelesen, und wir verstehen ihn intellektuell sofort. Aber atmen Sie ihn noch einmal ein. Wenn wir ihn Wort für Wort mit den Ohren des Herzens aufnehmen, geschieht Veränderung. Eine Liebe, um die ich nicht fürchten muss, eine Liebe, die ich mir nicht verdienen muss. Und damit gibt es für alle, die sich nach Angenommensein, nach einer inneren Heimat sehnen, einen Weg. Denn jeder von uns ist bereits geliebt. Innere Freiheit beginnt dort, wo ich das tief im Herzen begreife, weil es mich von dem ständigen Druck befreit, mich ständig vor mir und allen anderen beweisen zu müssen.

Damit kann die Suche nach meiner wahren Identität mit einer großen, inneren Ruhe geschehen. „Wer bin ich? Bin ich jemand?" Ja, denn ich bin von diesem Gott bei meinem Namen gerufen worden. Ein Ruf, der nicht nur im Alltag so wohltuend sein kann, sondern der – einzigartig gegenüber anderen Glücksversprechen – über den Tod hinaus reicht und Perspektive bietet.

Ich kann Ja zu mir sagen, weil schon ein Anderer Ja zu mir gesagt hat. Das ist der Kern des Angenommenseins.

Ganz anders ist es, wenn ich selbst das Maß aller Dinge bin; dort, wo ich nichts und niemand anderes gelten lassen kann, definiere ich mich nur aus mir selbst heraus. Das sieht vielleicht oberflächlich schön aus, aber es ist manchmal so unsagbar anstrengend. Und es kann so zerbrechlich sein.

Eine Liebe, die trägt

Liebe und Freundschaft zwischen zwei Menschen ist etwas Wunderschönes. Aber wenn ich mich nur über den anderen definiere, wird die Unzulänglichkeit dieses Lebensmodells spätestens dann deutlich, wenn die Liebe zerbricht. Denn dann stirbt nicht nur eine Beziehung, sondern es stirbt auch ein Teil von mir, den der andere mit Anerkennung, Liebe und Zuneigung versorgt hat.

Doch Sie und ich sind längst geliebte Menschen. Unser Wert errechnet sich nicht aus dem, was wir leisten. Wir können uns an jedem Punkt unseres Lebens auf den Weg machen, diese Wahrheit neu für uns anzunehmen und zu erfahren.

Mich berührt in diesem Zusammenhang immer wieder das Gleichnis vom verlorenen Sohn (Lukas 15,11–32). Denn es zeigt die Liebe Gottes auf eine einzigartig vielschichtige Weise.

Ein Mann hatte zwei Söhne. Der jüngere von ihnen sagte zu seinem Vater: Vater, gib mir das Erbteil, das mir zusteht. Da teilte der Vater das Vermögen auf. Nach wenigen Tagen packte der jüngere Sohn alles zusammen und zog in ein fernes Land. Dort führte er ein zügelloses Leben und verschleuderte sein Vermögen.

Als er alles durchgebracht hatte, kam eine große Hungersnot über das Land und es ging ihm sehr schlecht. Da ging er zu einem Bürger des Landes und drängte sich ihm auf; der schickte ihn aufs Feld zum Schweinehüten. Er hätte gern seinen Hunger mit den Futterschoten gestillt, die die Schweine fraßen; aber niemand gab ihm davon.

Da ging er in sich und sagte: Wie viele Tagelöhner meines Vaters haben mehr als genug zu essen und ich komme hier vor Hunger um. Ich will aufbrechen und zu meinem Vater gehen und zu ihm sagen: Vater, ich habe mich gegen den Himmel und gegen dich versündigt. Ich bin nicht mehr wert, dein Sohn zu sein; mach mich zu einem deiner Tagelöhner.

Dann brach er auf und ging zu seinem Vater. Der Vater sah ihn schon von weitem kommen und er hatte Mitleid mit ihm. Er lief dem Sohn entgegen, fiel ihm um den Hals und küsste ihn.

Da sagte der Sohn: Vater, ich habe mich gegen den Himmel und gegen dich versündigt; ich bin nicht mehr wert, dein Sohn zu sein.

Der Vater aber sagte zu seinen Knechten: Holt schnell das beste Gewand und zieht es ihm an, steckt ihm einen Ring an die Hand und zieht ihm Schuhe an. Bringt das Mastkalb her und schlachtet es; wir wollen essen und fröhlich sein. Denn mein Sohn war tot und lebt wieder; er war verloren und ist wiedergefunden worden.

Und sie begannen, ein fröhliches Fest zu feiern. Sein älterer Sohn war unterdessen auf dem Feld. Als er heimging und in die Nähe des Hauses kam, hörte er Musik und Tanz. Da rief er einen der Knechte und fragte, was das bedeuten solle.

Der Knecht antwortete: Dein Bruder ist gekommen und dein Vater hat das Mastkalb schlachten lassen, weil er ihn heil und gesund wiederbekommen hat.

Da wurde er zornig und wollte nicht hineingehen. Sein Vater aber kam heraus und redete ihm gut zu. Doch er erwiderte dem Vater: So viele Jahre schon diene ich dir, und nie habe ich gegen deinen Willen gehandelt; mir aber hast du nie auch nur einen Ziegenbock geschenkt, damit ich mit meinen Freunden ein Fest feiern konnte.

Kaum aber ist der hier gekommen, dein Sohn, der dein Vermögen mit Dirnen durchgebracht hat, da hast du für ihn das Mastkalb geschlachtet.

Der Vater antwortete ihm: Mein Kind, du bist immer bei mir, und alles, was mein ist, ist auch dein.

Aber jetzt müssen wir uns doch freuen und ein Fest feiern; denn dein Bruder war tot und lebt wieder; er war verloren und ist wiedergefunden worden.

Der Vater lässt seinen Sohn ziehen, er gibt ihm – wie uns – die Freiheit, seinen Weg zu gehen und seine Erfahrungen zu machen. Anstatt ihm zu folgen oder ihn gewaltsam zurückbringen zu wollen, zahlt der Vater ihn aus und gibt ihm volle Handlungsfreiheit. Dann wartet er. Worauf? Auf die Umkehr des Sohnes. Und weit weg vom Vater geschieht sie.

Es gibt ein wunderbares Bild von Rembrandt. Der Vater legt dem verlorenen Sohn nach dessen Rückkehr liebevoll die Hand auf, und sein Kind lehnt seinen Kopf an ihn. Kindliches Vertrauen in Reinform. Und genau so dürfen wir uns angesichts unseres Gottes fühlen. Das ist unser Gott! Er lässt uns in Freiheit gehen, wir dürfen unsere Erfahrungen machen. Aber wenn einer von uns zu ihm zurückkehren möchte, wird er ihn mit offenen Armen empfangen wie der Vater in Rembrandts Bild.

Wir dürfen uns willkommen fühlen, uns vertrauensvoll an ihn lehnen. Das heißt nicht, dass unsere Lebensumstände sofort besser werden. Aber es bedeutet, dass wir keinen Weg in unserem Leben alleine gehen.

Das ist das wohl größte Geschenk unseres Lebens. Nehmen wir es wahr?

Selbst dort, wo es noch ein Gespür für diese Lebensperspektive gibt, wird ihre Tragweite, ihre Radikalität, ihre befreiende Kraft oft gar nicht mehr wirklich erfasst.

Aber stellen Sie sich doch einmal vor, Sie wären *nicht* angenommen. Ja, dann müssten wir uns selbst die kleinen und großen Lügen unseres Lebens als Rettungsschirm aufbauen. Den Erfolg im Beruf, die Anerkennung, die doch oft nur unsere Position und nicht die Person meint.

Wenn sich die Partnerschaft zur Routine entwickelt hat und uns die Anerkennung fehlt, dann wechseln wir den Partner, damit wir immer wieder neue Bestätigung erfahren. Und so sind wir ständig auf der Suche nach neuen, ergiebigeren Kraftquellen.

Endlich frei

Für mich steht fest: *Erst wenn wir wirklich begriffen haben, dass wir bedingungslos angenommen sind, dass da einer zu uns steht, egal, was kommt, können wir diesen ungesunden Teil unserer Sehnsüchte loslassen. Ein ungemein befreiendes Gefühl!*

Dann kann ich mich auf den spannenden Weg zu mir selbst machen, ohne Angst vor dem, was ich dabei vielleicht vorfinde. Dann darf ich entdecken, welche Einzigartigkeit in mir angelegt ist, von meinem Schöpfer sorgfältig geplant und gewollt. Dann funktioniere ich nicht mehr nach den Gesetzen der Anerkennung Dritter, sondern vertraue darauf, dass ich in meinem Sein und Tun stets von meinem Gott getragen und angenommen bin und ich in ihm meinen tiefsten Grund finden kann.

Deshalb darf ich mich auch irren, Umwege gehen, hinfallen und wieder aufstehen. Mein Scheitern, meine Fehler und all das, was ich sonst vor Dritten verborgen halte – er sieht es mit liebevollem Blick an. Einem Blick – wunderbar beschrieben in Psalm 139 –, der mich spüren lässt, dass ich geliebt bin.

Atmen Sie das tief ein, denn das ermöglicht ein Leben in Freiheit. Ein Leben mit Schmetterlingen im Bauch, mit einem Glauben, der Ihnen Flügel verleiht.

Herr, du hast mich erforscht und du kennst mich. Ob ich sitze oder stehe, du weißt von mir. Von fern erkennst du meine Gedanken. Ob ich gehe oder ruhe, es ist dir bekannt; du bist vertraut mit all meinen Wegen.

Noch liegt mir das Wort nicht auf der Zunge – du, Herr, kennst es bereits. Du umschließt mich von allen Seiten und legst deine Hand auf mich.

Zu wunderbar ist für mich dieses Wissen, zu hoch, ich kann es nicht begreifen. Wohin könnte ich fliehen vor deinem Geist, wohin mich vor deinem Angesicht flüchten? Steige ich hinauf in den Himmel, so bist du dort; bette ich mich in der Unterwelt, bist du zugegen.

Nehme ich die Flügel des Morgenrots und lasse mich nieder am äußersten Meer, auch dort wird deine Hand mich ergreifen und deine Rechte mich fassen. Würde ich sagen: „Finsternis soll mich bedecken, statt Licht soll Nacht mich umgeben", auch die Finsternis wäre für dich nicht finster, die Nacht würde leuchten wie der Tag, die Finsternis wäre wie Licht. Denn du hast mein Inneres geschaffen, mich gewoben im Schoß meiner Mutter.

Ich danke dir, dass du mich so wunderbar gestaltet hast. Ich weiß: Staunenswert sind deine Werke. Als ich geformt wurde im

Dunkeln, kunstvoll gewirkt in den Tiefen der Erde, waren meine Glieder dir nicht verborgen. Deine Augen sahen, wie ich entstand, in deinem Buch war schon alles verzeichnet; meine Tage waren schon gebildet, als noch keiner von ihnen da war.

Wie schwierig sind für mich, o Gott, deine Gedanken, wie gewaltig ist ihre Zahl! Wollte ich sie zählen, es wären mehr als der Sand. Käme ich bis zum Ende, wäre ich noch immer bei dir.

(Psalm 139, 1–18)

Erkennen, wer ich bin

Es geht also um Identität, um die Frage, wer ich im Tiefsten bin. Diese Frage taucht heutzutage immer drängender auf, aber das war nicht immer so. Früher war man eingebettet in eine Gemeinschaft kleinerer oder größerer Art. Niemand war absoluter Mittelpunkt, jeder hat seinen Platz und damit auch seine Identität gehabt; vor allem in der Familie, sei es der Vater, der Großvater, die Großmutter, die Mutter. Heute fühlen sich viele allein auf einer großen Insel.

Es ist doch fast natürlich, dass in der heutigen Vereinzelung – in München beispielsweise sind 47 % der Haushalte Single-Haushalte, in Berlin sogar 52 %! – immer stärker Fragen laut werden wie: „Wer bin ich eigentlich? Wie, was ist meine Identität?"

Wir sind auf der Suche nach uns selbst, doch ich befürchte, wir befinden uns auf dem Holzweg.

Die große Sehnsucht nach Selbstfindung – wir kreisen um den eigenen Bauchnabel und suchen Anerkennung von außen. Orden und Auszeichnungen sind bei Empfängen äußerst wichtig, damit jeder sieht, was ich für einer bin. Bei der Titelfrage – Herr Doktor oder Frau Professor – reagieren viele empört, wenn sie nicht so behandelt werden, wie sie das aufgrund ihres gesellschaftlichen Status für sich definiert haben. Mir wird das persönlich immer besonders deutlich, wenn ich gefragt werde, wie man mich anreden solle. Das ist doch so gleichgültig; das macht mich nicht zu einem besseren oder schlechteren Menschen.

Es bleibt für mich dabei: Der Mensch kann die eigene Identität nicht aus sich selbst heraus finden. Letzten Endes bin ich erst dadurch jemand, dass ich von Gott geschaffen bin und mich von Gott bejaht weiß, und damit habe ich auch Zuversicht in meinem Leben, das befreit mich.

Aus diesem Glauben heraus erkenne ich: Ich muss nicht der große Tausendsassa sein, ich brauche auch nicht mehr so viel Anerkennung von außen. Das hilft mir ebenfalls dabei, einen gesunden Abstand zu mir selbst einzunehmen. Oft werde ich beispielsweise gefragt, wie ich mich fühle. Das kann und möchte ich nicht beantworten, ohne diesen liebenden Blick Gottes auf mir zu spüren, denn wenn ich diesen Blick wahrnehme, relativiert das sehr viel von meiner aktuellen Befindlichkeit. Ich glaube, dass gerade dieses Mit-Gott-Sein den christlichen Glauben eigentlich ausmacht. Das schafft ein Urvertrauen, und dann bin ich auch jemand. Ich bin ein geliebtes Geschöpf Gottes.

Das hat übrigens auch Auswirkungen auf meinen Blick auf andere Menschen. Wenn Gott mich liebt, liebt er genauso den Anderen, mein Gegenüber, den ich vielleicht gar nicht so mag. Wenn ich das erkenne, muss ich mich neu fragen: „Wie stehe ich eigentlich zu diesem Menschen, der von Gott genauso geliebt wird wie ich?" Und damit öffnet sich erst die ganze Sphäre zum anderen Menschen und ich stehe auf einmal in einem ganz anderen Verhältnis zu mir selbst und zum anderen.

Es geht nicht nur um mich

Die Selbstfindung an sich ist etwas zutiefst Existenzielles, darf aber nicht ausschließlich ein Tanz, ein Kreisen um sich selbst sein. Der Frage nach der eigenen Identität auszuweichen, würde am Lebensgefühl vieler Menschen vorbeigehen. Doch das kann nicht alles sein. Es ist sehr unmodern geworden, das zu sagen, aber der letzte Bund eines Menschen liegt in seiner Beziehung zu Gott – ob man das jemals so erfahren hat oder nicht. Der Weg dahin beginnt im übertragenen Sinn damit, dass ich meine Hände, mit denen ich mich krampfhaft festhalte, löse und öffne, damit ein anderer sie ergreifen kann. Dieser andere kann Gott sein, dessen Weg aber oft über andere Menschen gehen wird. Ich finde mich selbst zunächst durch den anderen Menschen in einer Ich-Du-Beziehung, sagt Martin Buber. Der Mensch ist nun einmal dialogisch veranlagt.

Man kann natürlich anderes behaupten, doch bisher konnte mir noch niemand beweisen, dass er damit glücklicher wird. Ich kann mich total von anderen Menschen abkapseln und mich versenken, zum Beispiel in einer Zen-Meditation, in der ich mich einfach auf meinen Atem konzentriere. Das befreit mich irgendwie tatsächlich von der ganzen Umgebung, und damit kann ich vielleicht von meinen Leidenschaften frei werden, was ja auch ein Ziel des Buddhismus ist. Aber ich weiß nicht, ob daraus echte Freude erwächst, so wie sie beim Mit-Mensch-Sein entsteht.

Echte Freude finden

Freude ist ein gutes Stichwort. Wahre Freude findet man nur bei Gott. Das hört sich für Sie vielleicht etwas abstrakt an. Und dann sage *ich* Ihnen das auch noch: ein Mönch! Dabei wissen wir doch vermeintlich genau, was uns Freude bereitet, die ganze Welt suggeriert es uns ja ständig: „Du brauchst das Haus, du brauchst das tolle Auto, du brauchst die schicken Schuhe und den edlen Anzug!" Und keine Frage: der Besitz dieser Dinge kann ein schönes, lebendiges Gefühl verschaffen. Obwohl, meist geht das ziemlich rasch vorbei, finden Sie nicht auch?

Wie kann man es schaffen, diesen Glauben an ein Leben, in dem weniger mehr ist, attraktiv zu finden, obwohl einem die ganze Welt sagt, dass er genau das nicht ist?

Vielleicht müssen wir die Frage anders stellen. Es geht um Ihre Lebensfreude! Und um die Frage, was Sie heute und in den nächsten Jahren neben den kleinen und großen Freuden des Alltags zutiefst beglücken kann. Dieser Frage müssen wir uns behutsam nähern.

Die Beantwortung ist deshalb nicht leicht, weil das nicht nur intellektuell vollzogen werden kann. Wie kann eine Annäherung an diese Frage aussehen? Ich fange am besten mal bei mir selbst an.

Wenn ich in meinem Büro in Rom sitze, sehe ich oft – und genauso oft muss ich es leider übersehen –, wie überfüllt doch alles hier ist. Zeitschriften stapeln sich, Bücher, Texte, ganze Papierberge liegen herum. Ich freue mich jedes Mal, wenn ich einen Teil davon wegwerfen kann. Das merke ich aber erst dann, wenn ich es losgeworden bin. Selbst bei Sachen, die mir vorher so wichtig schienen.

Ja, es geht bei der Freude auch darum, wieder zu sehen und zu lernen: Ich brauche all das, was ich meine zu brauchen, nicht wirklich. Denken Sie nur an den großen Erfolg der *„Simplify your Life"*-Bücher, die letztendlich sagen: „Entschlacke dich von allem!" Eine Art permanente Fastenzeit, die übrigens eine der am meisten verkannten Hilfestellungen für Christen ist.

Wir brauchen die Fastenzeit nicht, um uns zu quälen, um uns zu kasteien. Es geht darum, innere Freiheit wiederzugewinnen und zu bewahren. Sie werden sich nach einer solchen Zeit viel leichter fühlen, viel wohler. Und im Titel des Buches geht es ja genau darum: wieder fliegen zu lernen. Und das fällt einem dicken Truthahn bekanntlich viel schwerer als einer Möwe.

Um die Themen wahres Glück, Reduzierung und Fasten wird es später im Buch noch gehen. Hier möchte ich erst einmal die Bibel zu Wort kommen lassen. Auch der 1. Timotheus-Brief fordert uns im 6. Kapitel zur Mäßigung auf:

Die Frömmigkeit bringt in der Tat reichen Gewinn, wenn man nur genügsam ist, denn wir haben nichts in die Welt mitgebracht und wir können auch nichts aus ihr mitnehmen, wenn wir Nahrung und Kleidung haben, soll uns das genügen, wer aber reich werden will, gerät in Versuchungen und Schlingen, er verfällt vielen sinnlosen und schädlichen Begierden, die den Menschen ins Verderben und in den Untergang stürzen, denn die Wurzel aller Übel ist die Habsucht.

Das ist ein äußerst aktueller Text. Doch „Frömmigkeit", „Genügsamkeit" – ist das nicht genau dieser lebensverneinende Ton, der uns vielleicht noch das kulturelle Erbe des christlichen Glaubens akzeptieren lässt, aber doch bitte für ein spannendes und glückliches Leben nun so überhaupt nicht in Frage kommt?

Aber machen wir uns klar: Es gibt auch den lauten Aufschrei derer, die unter den „schädlichen Begierden" anderer leiden. Alles hat zwei Seiten. *„Nicht wenige, die ihr verfielen, sind vom Glauben abgeirrt und haben sich viele Qualen bereitet."* Aber nicht nur sich, sondern vielen anderen auch.

Die Finanzkrise konnte uns den abgehobenen Wahnsinn des Systems in seiner globalen Vernetzung deutlich machen. Hinter ihren Auswirkungen steckt ein Leiden auf persönlicher Ebene, das nur ein Mensch verkennen kann, der weit weg von den existenziellen Nöten der Menschen lebt. Und existenziell sind sie schon lange nicht mehr nur bei denen, die zu wenig zum Leben und zu viel zum Sterben haben.

Existenziell bedroht sind für mich die vielen verletzten, allein gelassenen Menschen, deren Liebe verstoßen wurde. Existenziell bedroht sind die, die kurz vor dem Burnout noch immer nicht den Mut finden, auszusteigen und sich selbst so ernst zu nehmen, dass sie ihr Leben in ihre Hand nehmen.

Ein Glaube, der Flügel verleiht, hat genau damit zu tun – innehalten und wieder merken, um was es eigentlich geht. Das ist heutzutage in dieser „Ich will alles, und zwar sofort!"-Kultur nicht einfach. Wenn Sie das an sich heranlassen, ahnen Sie, dass jeder über das Leben, wie er oder sie es sich bisher für sich vorgestellt hat, nachdenken muss. Statt „Geht nicht – gibt's nicht" sollten wir uns sagen: „Weiter so – gibt's nicht."

Denn meine wahre Identität finde ich nicht im Kreisen um mich selbst und im Anhäufen von Statussymbolen oder Erfolgen, sondern in der Ausrichtung auf Gott und andere Menschen.

Die Wahrheit meines Lebens finden

In Deutschland herrscht vielerorts der Irrglaube, Glaube sei eine Weltanschauung. Nein! Glaube ist eine Beziehung zwischen meinem Gott und mir, zwischen Gott und Ihnen. Dieser personale und persönliche Bezug ist untrennbar mit dem Christentum verbunden. Auch das klingt heutzutage sicher für viele komisch. Aber wir wollten uns auf Spurensuche begeben, und das setzt voraus, dass ich die Erfahrungen anderer für möglich halte, auch wenn ich sie nicht täglich in der Tagesschau sehe oder von ihnen in der Zeitung lese. Das bedeutet auch, mein und Ihr Bild vom Glauben hat immer damit zu tun, in welcher Form wir davon erfahren (haben).

Ein Gedanke dazu: Wenn ich zeit meines Lebens von einem Koch mein Steak serviert bekommen habe, der es einfach zu lange in der Pfanne hat braten lassen, dann ist das Steak immer zäh gewesen – und ich glaube, dass Steaks eben so schmecken. Komme ich dann in den Genuss eines perfekt gebratenen Steaks, kann sich meine Einstellung schlagartig ändern.

Es geht also um eine Offenheit für Dinge, die mir bisher verschlossen geblieben sind. Da muss man sicherlich manches Vorurteil einfach mal zur Seite schieben. Wenn ich selber über den Tellerrand meiner Glaubenstradition hinaus schaue, dann stelle ich fest, dass mich der Aspekt der persönlichen Gottes- und

Jesusbeziehung beispielsweise in freikirchlichen Kreisen sehr berührt. Ich muss nicht jede theologische Ansicht teilen, aber dort wurde das Bedürfnis erkannt, dass Menschen diesen Gott *erfahren* wollen. Dort finde ich Menschen, die ihren Glauben leben, nicht nur als Feigenblatt am Sonntag, sondern in der Gesamtheit ihrer Existenz. Auch das Miteinander ist in diesen Gemeinden sehr ausgeprägt. Und es gibt zahlreiche andere katholische und evangelische Gemeinden, in denen sich viele Menschen bewusst entschieden haben, diesem Gott eine zentrale Rolle in ihrem Leben zu geben.

Wenn Ihre bisherigen Erfahrungen mit Kirche und Glauben nicht nur positiv waren, ändert das nichts an einem Punkt, der für diese Menschen und für uns alle gilt: Der Glaube führt mich zum Kern meines Lebens, weil er mich dazu ermutigt, meinen Weg in großer Ehrlichkeit und Wahrhaftigkeit vor mir, meinem Gott und meinen Mitmenschen zu gehen. Zum Dreiklang des erfüllten Lebens, der Wahrheit und des Wegs gibt es einen bekannten Ausspruch von Jesus: „Ich bin der Weg, die Wahrheit und das Leben" (Johannes 14,6). Schauen wir zunächst etwas genauer auf die Wahrheit.

Wahrheit und Wahrhaftigkeit

Was heißt es, sein eigenes Leben in großer Wahrhaftigkeit vor sich selbst, vor Gott und vor seinen Mitmenschen zu leben? Nun, ich kann andere Menschen betrügen, ich kann ihnen etwas vormachen, ich kann mir vielleicht auch selbst etwas vormachen. Aber wenn ich in der Kirche vor dem Tabernakel knie und weiß, hier ist Gott gegenwärtig, dann dämmert es mir: Gott kann ich nichts vormachen, er kennt mich in- und auswendig. Damit befreit mich Gott eigentlich von meinen Illusionen.

Damit will ich nicht sagen, dass ich alles in und an mir erkenne, aber ich kann mich zumindest nicht mehr bewusst betrügen oder verstellen. Immer wieder kann ich mich im Gebet fragen: „Wer bin ich eigentlich, Gott?" Er wird alle Schichten nacheinander abblättern, und zum Schluss steht der Kaiser nackt da.

Das ist herausfordernd, weil wir meinen, die ganze Welt – uns selbst übrigens eingeschlossen – zwingt uns, unsere Rollen zu spielen. Aber ich möchte Sie ermutigen:

Haben Sie Mut zu diesem Nacktsein. Denn Sie werden nur dann Ihr tiefes Lebensglück erfahren, wenn Sie selbst erkennen und annehmen können, wer und was in Ihnen angelegt worden ist und zu welchem Leben Sie berufen sind!

Es wird spannend, wenn Sie auf den Grund Ihres Herzens hinabsteigen und sich mit all Ihren Sehnsüchten, mit Ihren Verletzungen, mit Ihrem Zorn und mit Ihren Fragen wahrnehmen! Was auch immer Sie dort entdecken, eins sollten Sie sich immer vor Augen halten: Gott schaut Sie an – liebevoll!

Das mag ungewöhnlich und abstrakt klingen. Aber stellen Sie sich einmal bewusst vor diesen Schöpfer. Nehmen Sie an, dass es ihn gibt, auch wenn Sie das vielleicht nicht so sehen oder bisher nicht wahrgenommen haben. Und dann schauen Sie einfach, was übrig bleibt, wenn der Mantel abgelegt und das Hemd ausgezogen ist.

Das klappt vielleicht nicht beim ersten Mal, und zugegeben, es ist natürlich auch sehr herausfordernd. Denn es setzt – wir reden immerhin über Wahrheit! – voraus, dass Sie sich den kleinen und großen Lügen Ihres Lebens und Ihren Schutzräumen stellen. Ich fühle mich dann manchmal wie ausgesetzt. Kalt ist das mitunter! Bis mir klar wird, dass ich so nackt auch dem wärmenden Blick Gottes ausgesetzt bin. Und von dort fühle ich mich dann wieder eingehüllt in seine Annahme wie in einen flauschigen Bademantel.

Ohne dieses vertrauensvolle Sich-Aussetzen ist es ganz schwer, Gottes Begleitung zu erfahren. Es gibt dieses schöne Philosophen-Wort: „Alles, was aufgenommen wird, wird nach dem Fassungsvermögen des Aufnehmenden aufgenommen." Wenn ich bis heute daran gescheitert bin, diesen Gott zu erfahren, wird sich daran auch nichts ändern, wenn ich nicht bereit bin, mich auf neue Erfahrungen und Erkenntnisse einzulassen. Und erst, wenn ich diesen wohlwollenden Blick Gottes auf mir spüre, werde ich mich in seinem Licht verändern können. Dann werde ich mich von mir lösen und den Anderen mehr wahrnehmen können.

„Bei euch soll es nicht so sein", heißt es in der Heiligen Schrift (Matthäus 20,26) – wir sollen und dürfen anders auf uns und andere schauen als die Allgemeinheit. Auch ich stoße immer wieder an die Bilder, die sich andere Menschen von mir machen. Sie wollen mir manchmal nicht glauben, weil sie nur das in mir sehen, was sie sich für sich vorstellen können. Immer wieder hat mir jemand gesagt: „Warte mal ab, du wirst noch Karriere machen!" Dieser Gedanke ist mir so fremd! Aber die anderen denken anscheinend immer in solchen Kategorien, sodass sie mich auch dort hineinpressen wollen. Es gibt viele Bücher von mir, und trotzdem gibt es nur wenige Menschen, die mich in meinem Innersten verstehen und akzeptieren, und mit dieser Erfahrung stehe ich ja nicht allein da.

Das ist alles so lange nicht schlimm und nicht weiter störend, wie ich Gottes Liebe in meinem Leben erfahre. Das hat viel mit meiner eigenen Liebesfähigkeit und meinem Blick auf andere Menschen zu tun.

In 1. Johannes 4,7 steht dieses wunderbare Wort „Wer liebt, erkennt Gott." Das bedeutet letzten Endes: Nur wer so selbstlos liebt wie Gott, der sich uns Menschen total ausgesetzt hat, der wird eigentlich Gottes Liebe verstehen, wenigstens ein Stück weit.

Viele Menschen sagen: „Ich spüre diese Liebe nicht. Ich höre Ihre Worte, lieber Abtprimas, aber wo ist sie in meinem Leben, die Liebe Gottes?"

Wahrheit und Liebe

Allein sich diese Frage zu stellen ist schon ein großer Schritt in die richtige Richtung. Viele Menschen kommen gar nicht dazu, sind so getrieben, so beschäftigt mit dem Tanz um das eigene Ich. Sie sind sich ihrer (Lebens-)Zeit überhaupt nicht mehr bewusst.

Diese Liebe – wie Liebe generell – kann ich mir nicht rein logisch oder argumentativ erklären. Einem Blinden kann ich auch nicht die Farbe Gelb erklären. Ich müsste ihm buchstäblich die Augen öffnen, damit er sehen kann. Liebe erschließt sich auf ähnliche Art und Weise. Wir müssen „mit anderen Augen" auf unser Leben schauen, um unseren Blick wieder für die Liebe Gottes zu schärfen.

Wir werden auf diese Frage noch zurückkommen, hier nur so viel: Am eindringlichsten geht das auf der Erfahrungsebene. Nehmen Sie sich beispielsweise einmal die Zeit, sich zu einem Bettler zu setzen. Fragen Sie ihn oder sie, wie es eigentlich so weit gekommen ist mit ihm oder ihr. Es kann passieren, dass Sie diesen Menschen auf einmal lieb gewinnen, den viele andere verachten.

Ich habe kürzlich im Gottesdienst hinter jemandem gestanden, der mir unsympathisch war. Und dann habe ich mich gefragt: „Warum mag ich den eigentlich nicht?", und ich habe mir gesagt: „Dieser Mensch ist doch von Gott genauso geliebt wie ich. Ich habe keinen Grund, irgendwie auf diesen Menschen herabzuschauen!" Und so ist er mir wieder näher gekommen. Der Weg zur Wahrheit meines Lebens führt über die Liebe und Zuneigung, mit der ich anderen Menschen begegne.

Warum sollen wir heute also überhaupt noch glauben? Weil mir der Glaube erst einen liebevollen Blick auf mich selbst und auf andere ermöglicht.

Dieser Gedanke, mich und die Menschen, die mir anvertraut sind, nicht mit meinen Erwartungen zu überfordern, ist ungemein befreiend. Ach was, der ist toll! Das ist so anders als die Art, wie das Leben von vielen Menschen wahrgenommen wird.

Die Wahrheit und der Weg

Wie hängen die Wahrheit und der Weg meines Lebens nun zusammen? „Du wirst deine Wahrheit erkennen, wenn du den Weg mit mir gehst", ruft Gott uns zu. Seinen Weg mit Gott zu gehen hat immer etwas mit Vertrauen zu tun. Darunter ist es nicht zu haben. Der Ansatz „Ich glaube nur, was ich sehe, und erst dann gehe ich meinen Weg" – der reicht nicht. „Ich sehe nur, was ich glaube", diese Haltung ist da schon viel hilfreicher. Der Weg zeigt sich beim Gehen. Deine eigene Wahrheit wirst du erkennen, wenn du den Weg mit Gott gehst.

Wenn man sich auf diesen Weg begibt, fällt die eine oder andere Sicherheit weg. Ich muss also mit meinem Sicherheitsdenken anders umgehen. Wenn mich die Leute fragen: „Wie wird das alles wohl in vier oder sechs Jahren bei dir sein?", dann sage ich: „Das interessiert mich nicht." Ich brauche gar nicht so weit vorauszuplanen. Im Neuen Testament steht: „Darum sorgt nicht für morgen, denn der morgige Tag wird für das Seine sorgen. Es ist genug, dass jeder Tag seine eigene Plage hat" (Matthäus 6,34, LÜ).

Ein Segen des Glaubens kann auch darin liegen, dass er uns aus unserer Rundum-Sorglos-Versorgungs- und Versicherungsmentalität herausholen kann. Wir versichern uns gegen alles und jedes, sorgen vor bis hin zur Sterbeversicherung, damit wir dann auch gut unter die Erde gebracht werden.

Hinter all dieser finanziellen und materiellen Absicherung steckt letztlich die Frage des Geldes. Erneut ist die Frage: Brauche ich wirklich so viel? Mich hat ein Onkel von mir nach dem Abitur am Hals gepackt und geschüttelt und gesagt: „Wozu willst du ins Kloster gehen? Du kannst doch Geld machen. Geld, Geld!"

Da habe ich ihn angeguckt und gesagt: „Na und?"

Aber eine Abkehr von diesem Sicherheitsdenken erfordert, dass man sehr klar weiß, was man will. Man kann das nicht einfach von heute auf morgen lernen. Ich kann jemandem das kleine Einmaleins beibringen oder eine Sprache, nicht aber solche Erfahrungen oder Entschlüsse. Ich kann höchstens immer wieder sagen: „Lass los, versuch es in kleinen Dingen. Du wirst merken, dass es geht und sehr befreiend ist!"

Hier spielt unweigerlich der Faktor Glaube hinein. Irgendwann muss diese Verbindung vom Herzen zu Gott zustande kommen, irgendwann muss etwas klingeln. Das kann man nicht machen. So ungerecht es vielleicht klingen mag: Glaube ist auch ein Stück weit Geschenk. Oder, um es mit einem anderen Wort auszudrücken: Glaube ist Gnade, da ich ihn nicht selbst bewirken kann.

Das bedeutet auch, man braucht die Demut, sich beschenken zu lassen. Mit einer „Das habe ich nicht nötig"-Mentalität kommen wir nicht weiter. Und verdienen können wir uns den Draht zu Gott auch nicht. Es kann ein langer Weg sein, zu dieser Demut zu kommen!

Manche kommen durch einen Herzinfarkt oder eine andere Krankheit zum Glauben. Da wird plötzlich alles in Frage gestellt; das habe ich bei einigen Menschen im Krankenhaus erlebt, die mir beim Besuch auf einmal gesagt haben: „Wozu ist das eigentlich alles gut?" Also, oft werden Menschen demütig, die eine wesentliche Erfahrung in ihrem Leben gemacht haben, ein einschneidendes Erlebnis hatten.

Aber stehlen wir uns nicht billig davon, denn natürlich können wir diese Herzensbildung auch beeinflussen. Der Weg zu einem demütigen Lebensansatz kann schon in der Kindheit beginnen, kann schon von den Eltern ein Stück weit mit der Erziehung mitgegeben werden. Manche Kinder wachsen mit dem Lebensgefühl auf, dass es an nichts fehlen darf und alles sofort passieren muss. Unsere Kinder sind unser Non-plus-Ultra. Nach der Schule gehen sie zum Ballett-Unterricht, lernen ein Instrument, besuchen verschiedene AGs und was nicht sonst noch alles. Zusätzlich wurde die Zeit auf dem Gymnasium um ein ganzes Jahr reduziert, was zu Recht immer wieder hinterfragt wird. Ich meine, lasst ihnen doch ruhig neun Jahre. Die Kinder sollen mehr Muße haben, sie müssen sich entwickeln dürfen. Und es muss nicht immer alles und sofort sein.

Das Leben muss sich manchmal schlicht ereignen dürfen, und auch ein Kind braucht Zeit, Erfahrungen zu machen.

In der Kindheit können zum Beispiel auch Glaubenserfahrungen wunderbar verankert werden, und auch dafür braucht es Zeit und Aufmerksamkeit. Hier kann der Keim dafür gelegt werden, dass ein Mensch sich später nicht als Mittelpunkt des Universums versteht.

Insgesamt merke ich aber, dass sich an manchen Stellen eine neue Haltung Bahn bricht. Wir haben vorhin die Geschäftswelt angesprochen. Da sind heutzutage viele schon bescheidener geworden, weil sie merken, dass das Ausbeuten von Menschen und der Umwelt ihnen, den anderen und der Erde nicht gut tut.

Ich habe das auch bei manchen Bekannten, Freunden und Klassenkameraden erlebt. Es ist interessant, wie manch einer langsam zurücksteckt mit seinen großen Forderungen.

Mich hat die Rücksicht von Frank-Walter Steinmeier auf seine Frau sehr bewegt, der er eine seiner Nieren gespendet hat. So etwas muss überhaupt nicht aus einem christlichen Verständnis kommen, ist aber ein starker Beleg dafür, was mit einem wahrhaftigen Lebensweg gemeint ist. Hat Herr Steinmeier nun eine Niere verloren oder ein tieferes Gefühl der Zusammengehörigkeit mit seiner Frau gewonnen? „Ich gebe dir etwas von mir, damit du leben kannst!" Das ist doch wunderschön! Oder das Beispiel von Franz Müntefering, der seine Ämter eine Zeit lang ruhen ließ, um seine krebskranke Frau bis zu ihrem Tod zu pflegen. Das finde ich stark! Das sind in meinen Augen zutiefst christliche Haltungen.

Eine solche Nähe zwischen zwei Menschen entsteht dort, wo ich mich im Tiefsten auf den anderen einlasse. Sie entsteht dort, wo ich mich beschenken lasse. Wenn wir den Mut aufbringen, uns genau so hilflos und so, wie wir sind, vor Gott zu stellen und uns von ihm beschenken zu lassen, begeben wir uns auf die Spur zur tiefsten Wahrheit unseres Lebens. Das ist ein Weg, der mit dem ersten Schritt auf Gott zu beginnt.

Sinn-voll leben

Dort, wo es keine Hinwendung zum anderen gibt, ist das Leben bedroht. In einer solchen Umgebung kann kein Leben mehr blühen. Viele Menschen fristen ihr Dasein aber in genau so einer Atmosphäre.

Der Stress in der Firma, die Belastung in den Familien, weil beide arbeiten gehen, der Streit zwischen Paaren, weil Geld oder Aufmerksamkeit fehlen. Auch in solche Situationen kann jeder von uns hineingehen und für einen lebensverändernden Perspektivenwechsel sorgen.

Horchen Sie einfach mal in Ihr Leben hinein. Sie merken doch, dass das, was die Welt zu bieten hat, für ganz viel Unruhe sorgt. Und wenn Sie mal einen Moment zur Seite treten, können Sie für sich entdecken, was Ihnen inneren Frieden und eine ganz eigene Haltung zum Leben geben kann. Wie Sie das, was Ihnen gegeben wurde, zu etwas Ganzem und Sinnerfülltem machen können!

Ich habe das bei einem Ehepaar erlebt, die ein Kind erwarteten, von dem sie wussten, dass es das Down-Syndrom haben wird. Viele haben gesagt: „Treibt das doch ab!" Sie haben das Kind jedoch ganz bewusst angenommen. Das ist eine Belastung, natürlich, aber sie erleben auch ganz viel Glück mit diesem besonderen Kind.

Ein behindertes Kind zu haben ist sehr schwer, besonders, weil die Akzeptanz in der Gesellschaft fehlt. Jemandem in dieser Situation zu sagen: „Lasst euch nicht irritieren, haltet das durch", das ist auch eine Zumutung. Manchmal machen es sich die Kirchenleute ein bisschen zu leicht, die sich vehement gegen Abtreibung aussprechen, aber sich gar nicht bewusst sind, was das eigentlich heißt, mit einem behinderten Kind durchs Leben zu gehen. Aber letzten Endes wird genau hier der Glaube konkret, der ganz persönliche Weg mit Gott – dass man ihm zutraut, dass man diese ungewöhnliche Aufgabe bewältigen kann und daran wächst und Segen erlebt. Dass man sie annimmt und daraus Sinn für sein Leben zieht.

Wenn Jesus sagt, dass er das Leben ist, und ich das auch annehme, wird das dazu führen, dass ich meine Normen, meine Werte ein Stück weit verschiebe. Jetzt wird mancher sagen: „Davon habe ich doch nichts, weil es dann noch anstrengender wird! Ich muss das behinderte Kind kriegen, ein Leben lang eine besondere Verantwortung tragen, das macht mein Leben schwieriger. Und dann kommt mir so ein Mönch mit der *Tiefe des Seins!*"

Ja. Um es klar zu sagen: Der Weg des geringsten Widerstands führt meist nirgendwohin. Und wahre Freude erwächst nicht aus Bequemlichkeit.

Wir meinen immer, im Urlaub endlich mal nichts tun zu müssen. Das mag zwei oder drei Tage gut sein, doch dann werden viele kribbelig. Der Mensch ist nicht für die dauerhafte Bequemlichkeit geschaffen, er wird auch durch Nichtstun nicht glücklich – auch wenn wir das in stressigen Zeiten manchmal meinen. Nur wer einen bestimmten Tagesplan vor sich hat und von dem Punkte abhaken kann, wird auch ein froher Mensch sein. Und ähnlich kann man das für seinen Lebensplan sehen.

Es geht nicht um Bequemlichkeit, es geht um Sinn. Um die Freude am Leben, die uns eine Aufgabe schenken kann. Um die Freude, die ein behindertes Kind bei allem Schwierigen in eine Familie bringen kann. Um das Mehr an Tiefe, das dadurch entsteht.

Ja, das sage ich mitten in unsere Spaß- und Freizeitgesellschaft hinein. Ist der christliche Glaube mit so einer Haltung überhaupt noch zeitgemäß? Ein Erschließen des Glaubens, das rein intellektuell erfolgt, reicht nicht zur Beantwortung dieser Frage. Grundsätzlich scheint Glaube nicht *up to date* zu sein, denn natürlich sehe ich die Gleichgültigkeit, die viele Menschen gegenüber Gott empfinden. Warum ist das so?

Der Glaube ist im Bewusstsein der Menschen im Laufe der letzten Jahrzehnte auf wenige Fragen reduziert worden, und die Haltung der Kirche zu diesen Fragen wird in der Gesellschaft größtenteils abgelehnt. Die Frage der Empfängnisverhütung, die Frage der Abtreibung, die Frage der Ehescheidung, die des Zölibats, obwohl diese die Wenigsten betrifft, und als fünftes die Ordination der Frau. Das sind die Hauptthemen sämtlicher Debatten um das Thema „Glaube" in Deutschland.

Als ob daraus der christliche Glaube bestünde! Diese Fragen spielen natürlich eine Rolle, aber es ist mir viel zu einfach, die Frage nach dem persönlichen Glauben zur Seite zu schieben, nur weil man für unzeitgemäß hält, was die Kirche zu diesen Punkten sagt. Diese beiden Themenkomplexe haben nichts miteinander zu tun. Eine Sachdiskussion wird der Bedeutung der Gottesfrage für jedes einzelne Menschenleben einfach nicht gerecht. So kann man zwar sehr leicht die Diskussion über die wirklich spannenden Fragen des Glaubens abblocken, und Beifall ist dann sicher, aber das hilft nicht.

Wenn ich von der Straße abgekommen bin, sind für mich nicht die Kratzer und Beulen entscheidend, sondern ob es der Motor noch tut und ob das Auto noch fährt. Und der Motor jeder Gottesbeziehung ist die persönliche Verbindung zwischen Gott und mir. Der muss laufen, und Kratzer und Beulen in Form von Sachen, die ich nicht verstehen kann oder will, wird es – wie in jeder menschlichen Beziehung – immer geben.

Die Sinnfrage

Es gibt viele Menschen, die glücklich sind. Sie haben alles, was sie brauchen, und das will ich ihnen gar nicht nehmen. Sie leben gut, auch ohne Glauben. Er ist einfach nicht relevant. Früher konnte man dann eine knackige Predigt über die Hölle halten, alle bekamen ein schlechtes Gewissen und sind zum Beichten gegangen. Aber das ist heute einfach nicht mehr drin.

Es ist wohl ein Stück weit wirklich so: Wenn es den Menschen zu gut geht, ist die Gefahr besonders groß, dass sie sich vom Glauben abwenden. Das finde ich so schade, weil Gott uns doch auch die schönen Seiten des Lebens geschenkt hat.

Und wer das Glück hat, auf der Sonnenseite zu stehen, der darf das auch in vollen Zügen genießen. Aber auch darüber steht die Sinn-Frage: Auf welches Ziel soll mein Leben hinauslaufen?

Ich möchte nicht immer negative Schicksale aufzählen, aber sie spielen eine enorme Rolle. Wenn ich mit etwas nicht mehr fertig werde, wird die Brüchigkeit meines Lebenskonstrukts deutlich, wenn ich keinen Halt habe, der über mich hinausweist. Wenn beispielsweise ein Elternpaar ein Kind hat, und das Kind stirbt oder nimmt sich das Leben. Bricht dann die ganze Zukunft zusammen?

Oberflächliches Glück – und das meine ich gar nicht wertend –, ist schön und gut, aber spätestens dann, wenn es um tiefere Sinnfragen oder Grenzerfahrungen im Leben geht, dann bröckelt es oft. Dann ist die Erfahrung des Glaubenden unheimlich hilfreich, der weiß, es gibt noch etwas, das über die Zufriedenheit des Alltagslebens hinausgeht.

Was ist der Sinn des Lebens? Will ich mich dieser Frage stellen? Bei Jesus, wie mir gerade in diesem Zusammenhang durch den Kopf geht, spielt der Punkt, Leiden und Tod einen Sinn zu geben, eine enorme Rolle. Vor allem natürlich indem er Leiden und Tod bricht und besiegt, diesen Stachel der Menschheit. Und indem er mit einer massiven Ehrlichkeit in dieser Welt für die Wahrheit eingetreten ist und diejenigen geheilt hat, die an Leib und Seele krank waren.

Wenn ein Mensch sich von Gott angesprochen fühlt, ist und bleibt das immer Gnade. Ich erinnere mich an den Bericht eines gestandenen Mannes, der für eine Weile im Ausland gelebt hat. Dort kam er mit Menschen in Berührung, die ihm von ihrer Art zu glauben erzählt haben. Zum ersten Mal las er bewusst in der Bibel. Und er konnte sich nicht erklären, warum es auf einmal so anders war. Aber es *war* anders. Er fühlte sich ganz neu, viel tiefer angesprochen. Und dann kam ihm dieser Gedanke: „Wenn auch nur die Option besteht, dass das wahr sein könnte, was in der Bibel steht, dann musst du dich tiefer damit beschäftigen." Denn das wäre ja komplett lebensverändernd, da es plötzlich nicht mehr nur um die 60, 70 oder 80 Jahre hier auf Erden geht. Nein, es geht um die Ewigkeit, und die dauert ja bekanntlich ein bisschen länger.

Sie glauben nicht an die Ewigkeit? Oder doch? Halten Sie es doch einfach mal für möglich, als Theorie, und prüfen Sie, was das mit Ihnen macht. Nein, nicht nur mit dem Kopf, auch mit dem Herzen. Vielleicht schließt sich daran das Bedürfnis an, die Grundlagen Ihrer Annahme – „Es gibt keine Ewigkeit, beziehungsweise sie interessiert mich nicht besonders" – angesichts der möglichen Bedeutung für Ihr Leben zu hinterfragen.

Wir wälzen wochenlang Urlaubskataloge, beschäftigen uns monatelang mit dem Kauf eines neuen Autos. Da sollten Sie es sich einfach wert sein, tiefer zu bohren, wenn es um den Sinn Ihres Lebens geht.

Aber noch einmal zurück zum Glück. Wahres, dauerhaftes Glück ist nicht auf die billige Art und Weise zu haben. Und ich wiederhole mich gern: Eine Lebensführung im Sinne Gottes bringt uns Menschen letzten Endes zum Lebensglück. Letztlich krempeln wir damit unser heutiges Leben einmal von innen nach außen. Wir müssen sehr fundamental anfangen, unsere Haltung zu unserem Leben zu überdenken.

Ein bisschen Seelenmassage hier, ein schöner Gottesdienst dort – nein, das ist zu wenig! Tief bohren muss man. Andere Menschen lieben, auch wenn es weh tut. Das ist anstrengend. Und revolutionär. Und zeitgemäß. Weil unsere Welt und die Menschen, die in ihr leben, genau das brauchen.

Natürlich können auch Atheisten gute Menschen sein, und viele sind es. In meinen Augen hat Gott den Menschen gut geschaffen, und das gilt zunächst für jeden. Christen und Atheisten können beide zutiefst humanitär und sozial sein. Da wird großzügig gespendet, man ist für andere Menschen da – vieles von dem, was man von Christen erwartet, tun andere auch. Aber der christliche Glaube ist deshalb besonders und anders, und auch besonders zeitgemäß, weil durch ihn die Sinn-Komponente ins Leben tritt, nach der sich so viele Menschen – bewusst oder unbewusst – sehnen. Deshalb lohnt es sich allein schon zu glauben! Der Christ bindet sich an noch jemand anderen. Sein Sinn weist über ihn selbst hinaus.

Diese zusätzliche Sinn-Dimension sind nicht die Verdienste, mit denen man sich in der Welt brüsten kann und durch die man vielleicht hofft, sich den Himmel verdienen zu können. Sinn ergibt sich durch die Öffnung zu Gott hin, durch die Öffnung zu anderen Menschen hin. Warum tun sich so viele Menschen damit so schwer?

Ich glaube, viele fühlen sich durch die Kirchen bevormundet. Sie wollen sich von kirchlichen Autoritäten nichts vorschreiben lassen. Sie möchten sich nicht bis ins Schlafzimmer hinein regieren lassen, zum Beispiel in Fragen der Empfängnisverhütung. Menschen möchten Freiheit haben, selbstständig agieren und nicht von der Kirche eingeengt werden. Ich kann das an manchen Stellen nachempfinden. Wir müssen den Gläubigen mehr zutrauen und auf folgende Erkenntnis setzen:

Kein Mensch muss an Gott glauben, um anständig und gut zu sein. Aber wenn ich an ihn glaube, muss und werde ich es sein.

Ich meine, dass man, wenn man wirklich von Gott berührt wurde, nicht mehr einfach so in den Tag hinein leben kann. Man wird sich dann automatisch die wichtigen Fragen stellen. Was das eigene tägliche Leben angeht, aber auch, was unsere Verantwortung in der Welt betrifft. Der Glaube wird zu klein, wenn man ihn in den Bereich der Privatfrömmigkeit verbannt.

Da besteht nämlich auch eine Gefahr, zum Beispiel bei den großen Marienverehrern, dass da ein richtiges Mannsbild daneben steht und sagt: „Das kann es doch nicht sein, das brauche ich nicht in meinem Leben." Für so jemanden geht es vermutlich eher um die Frage, welchen Sinnhorizont er eigentlich in seinem Leben finden kann. Erschöpft es sich tatsächlich mit der Verwirklichung im Beruf, im Ansehen, im Geld? Reicht das eigentlich?

Vielleicht sagt er sich, das reicht ihm. Dann soll es ihm reichen. Gott zwingt sich niemandem auf, und wir müssen nicht versuchen, einem anderen ein schlechtes Gewissen zu machen, damit er glaubt. Aber andererseits dürfen wir bei Ereignissen wie der letzten Finanzmarktkrise schon einmal nüchtern anderen die Augen dafür öffnen, wie viel Unheil unsoziales Handeln anrichtet!

Schauen wir uns noch einmal den Text aus dem 1. Timotheus-Brief an und geben wir ihn inmitten der Finanz- und Wirtschaftskrise einem Banker. Ja, das wäre eine riesige Herausforderung für ihn. Hinter der Finanzkrise steht etwas Größeres, eine Wertekrise, die uns vor ethische Fragen stellt. Da sind elementare Werte des gemeinschaftlichen Miteinanders dramatisch missachtet worden.

Wenn der Glaube aus unserer Gesellschaft immer mehr ver-schwindet, hat das also auch Auswirkungen auf unsere Gesell-schaft und unsere Volkswirtschaft. Verantwortliches Agieren muss von anderen Faktoren geleitet werden als vom Mach-barkeitswahn und der reinen Wirtschaftlichkeitsberechnung. Dafür benötigen wir ein tragfähiges Wertesystem, wie es das Christentum bietet.

Und natürlich Menschen, die das leben. Die ihren Sinn darin ge-funden haben, ihr Leben in Verantwortung vor Gott zu leben und andere Menschen im Großen und im Kleinen zu lieben – auch wenn es unbequem wird.

Schönheit erkennen

Der Glaube ist kein Sonntagsanzug, der geht bis an die Knochen. Manchmal fehlt es uns anscheinend an Leuten, die das auch so herüberbringen. Oder wir Christen werden medial immer wieder in eine bestimmte Ecke gedrängt, aus der wir bei einem geschickten Fragesteller schlecht herauskommen.

Ich möchte ausbrechen aus der ständigen Bestätigung von Vorurteilen über Kirche und Gläubige. Dieser Glaube kann jedem Einzelnen und unserer Gesellschaft so unendlich gut tun. Das möchte ich allen zurufen. Ich stehe gern zusammen mit anderen auf, um diesen Sinn, diese Schönheit zu vermitteln.

Dazu müssen wir auch über andere Formen der Weitergabe nachdenken. In anderen Disziplinen hat man das längst verstanden. Jüngst gab es eine große Diskussion im Buchmarkt, weil zunehmend Autoren aus einer klassischen Lesung Entertainment machen. Das ist nichts für Puristen, aber diese Autoren haben viel verstanden. Wenn ich ein André-Rieu-Konzert im Fernsehen anschaue und die Kamera ins Publikum schwenkt, dann fällt mir vor allem eines auf: Der Mann macht mit seiner Musik, mit seiner Show, mit seiner Publikumsansprache Menschen glücklich. Im Sport werden Events zelebriert, Emotionen geschürt. Und Menschen vergießen Tränen der Freude oder auch mal der Trauer, wenn ihr Lieblingsverein verloren hat.

Ich würde so gern zeigen, dass man auch den Glauben ganz anders, packend, lebensnah vermitteln kann. Nicht auf die billige Art und Weise, sondern voller Schönheit.

Wir müssen begreifen, dass das keine Frage von Schwarz oder Weiß ist. Hier geht es um ein Sowohl-als-auch. Eine Ergänzung in den Formen, Menschen heute zu erreichen. Wir können uns doch einfach nicht damit zufrieden geben, dass unsere Kirchen

immer leerer werden und die Menschen den Glauben größtenteils als nicht mehr zeitgemäß empfinden.

Für mich persönlich ist ein Reden von der Schönheit des
christlichen Glaubens immer mit Musik verbunden. Musik berührt mich. Ich verstehe den Papst in seiner Leidenschaft für
Mozart-Messen. Es gibt wunderbare Werke von J.S. Bach, und
ich finde tiefe Freude im gregorianischen Choral, den leider die
wenigsten vernünftig singen können. Es gibt berührende und
schwungvolle neue Musikformen. Der Mensch feiert mit allen
Sinnen. Wir müssen erreichen, dass das ganze Herz mitschwingt.
Und auch so können wir die vorgefasste Meinung, dass Glaube
langweilig sei, zum Einsturz bringen.

Wie anders wäre so ein Auftritt als diejenigen, mit denen Kirche sonst in der Öffentlichkeit wahrgenommen wird!

In Talkshows sitzen ja oft auch Menschen, die etwas über den
christlichen Glauben sagen. Aber dort ist man aufgrund des For-
mats meist in der argumentativen Form gefangen. Auch das ist
wichtig, aber zusätzlich braucht es Menschen mit Charisma. Die
gibt es, und auf die sollte die Kirche aktiv zugehen, um auch auf
der Meinungsbildnerebene wieder punkten zu können.

Manchmal fehlt es uns auch an der Fähigkeit, anderen Menschen Luft zum Atmen zu lassen. Da treten wir als religiöse Hard-
liner auf, anstatt einfach mal zu sagen, dass es mir „wurscht" ist,
was andere tun, auch wenn ich nach meinem Glaubensprinzip da
nicht mitmachen kann. Trotzdem kann man doch dem anderen
etwas zugestehen, ihm Raum lassen, ihn mit seiner Lebensge-
schichte sehen. Man kann einen Bezug zum Glauben doch nicht
anordnen, weder argumentativ noch emotional. Deshalb sehen
wir Christen in Talkshows manchmal schlecht aus.

*Entscheidend ist der Faktor Gott. Den können wir hören,
irgendwann, wenn mal nicht alle Kanäle verstopft sind.
Wunderbar finde ich den Vergleich des Papstes, dass wir die*

Frequenzen der anderen Kanäle leiser stellen müssen, weil Gott ganz leise auf seiner eigenen Frequenz sendet. Das möchte ich mal in einer Talkshow hören!

Glauben mit Kopf und Herz

Wie kann man glauben? Ich denke, Glauben an Gott kann man nicht erzwingen, auch nicht durch alle Logik, sondern man muss ihn *entdecken*, wenn man die Schönheit darin sehen will.

Verstehen Sie mich nicht falsch: Ich brauche die Vernunft, damit ich keinem Aberglauben erliege. Ich werde das Geheimnis des Glaubens nie mit dem Verstand allein auflösen oder begreifen können, aber auch die Vernunft ist ein Geschenk Gottes. Heute wird ja an fast alles geglaubt; an Bachblüten, an Steine und an alles Mögliche. Nur nicht an Gott.

Die Sache mit dem Glauben ist sehr gut vergleichbar mit der Situation, wenn sich zwei Menschen verlieben. Ich werde den anderen nie wirklich kennenlernen, wenn ich mich nicht ganz auf ihn einlasse. Ich werde nie das ganze Ausmaß einer großen Liebe spüren, wenn ich mich nicht verletzlich mache. Vernunft braucht es trotzdem. Das Wesen meines Gegenübers erkenne ich auch im Reflektieren über ihn oder sie. Die Vernunft kann helfen zu erkennen, wo Liebe einseitig (geworden) ist und wo ich ausgenutzt werde. So ist es auch mit Gott. Die Gottesfrage ist eine Beziehungsfrage; sie entscheidet sich unter anderem auch daran, wie Sie sonst beziehungsmäßig durch Ihr Leben gehen.

Geben wir uns also nicht mit so wenig zufrieden. Entdecken wir neu die Schönheit, die Fülle, das Befreiende, das Orientierung gebende des christlichen Glaubens. Gott will keine Einengung und Verarmung unseres Lebens, auch wenn Ihnen das bisher so vorgekommen ist.

Das Bild, das jeder von uns vom Glauben hat, hat sehr viel mit seiner Biografie, mit seinen Erfahrungen, mit der Vermittlung durch Familie und Geistliche zu tun, die heute ja kaum noch stattfindet.

Vielleicht kann ich es so verdeutlichen: Wenn Sie früher in der Schule Mathe gehasst haben, weil der Lehrer Ihnen zuwider war und nicht gut erklären konnte, dann haben Sie heute, sofern Sie Ingenieur sind, den Wert der Mathematik dennoch erkannt. So kann es sich auch mit der Wahrnehmung des Glaubens verhalten. Viele Eltern ringen um die richtige Form der Vermittlung. Das Entscheidende hierbei ist die persönliche Begegnung mit einem gläubigen Menschen. Auch die Gemeinschaft mit anderen Christen ist etwas, was hilft und beglückt, ist eine zusätzliche Dimension. Wer glaubt, ist nicht allein. Man glaubt nicht allein, man glaubt miteinander. Glaube ist nicht für den Elfenbeinturm gedacht.

Leider ist in der Kirchengeschichte so vieles schief gegangen. Was man alles schon im Glauben an Irrtümern begangen hat, ist unglaublich, und das ist etwas, was mich sehr belastet. Ich frage mich: Bedrückt es euch nicht, euch Kirchenverantwortliche, was alles schon im Namen Gottes an Unrecht passiert ist, wie viele Menschenleben vernichtet wurden? Die Hexenverbrennungen, das war furchtbar. Und die Inquisition! Das ist alles lange her, Gott sei Dank. Wir haben daraus gelernt, aber die Wunde tut weh, weiterhin. Deshalb können noch heute viele Menschen nicht glauben. Und seien wir ehrlich: Es wird immer wieder Verfehlungen geben, denn Kirche wird von Menschen gestaltet. Die Wunde ist da.

Das zwingt uns zu einer viel größeren Bescheidenheit, und das ist für viele eine Herausforderung. Ich habe aber den Eindruck, dass hier eine gute Entwicklung stattfindet und dass auch Papst Benedikt XVI. bewusst Bescheidenheit vorlebt. Seine Idee von

Kirche ist sowieso die der kleinen Zellen. Ich glaube, er sieht die katholische Kirche wieder aus dem Blickwinkel der Urkirche. Das ist gut und hilft hoffentlich zusätzlich, das Bild von Kirche und dem christlichen Glauben in ein anderes Licht zu rücken.

Zurück zur Bescheidenheit

Auf diesem Weg sollten wir weder die Kirche noch uns selbst überfordern. Jesus Christus hat nicht gesagt, dass wir die große Masse an Menschen um uns scharen werden. Aber wir sollen Sauerteig in der Welt, Salz der Erde sein. Bescheidenheit ist der richtige Weg. Dabei geht es nicht darum, sich zurückzuziehen. Bescheidenheit heißt nicht, sein Licht unter den Scheffel zu stellen. Bescheidenheit bedeutet, keine Ansprüche zu stellen, aber mit einer klaren Botschaft präsent zu sein, ohne Triumphalismus, ohne Arroganz, ohne Dominanz.

Der Aufruf zur Bescheidenheit und das Streben danach, das rechte Maß zu finden, das gilt für jeden einzelnen Menschen und die Kirche gleichermaßen. Wir haben eine Botschaft, und die hat einen Wert aus sich heraus und ist ein tragfähiges Lebensfundament.

Es wird für jeden von uns und auch für die Kirche immer wieder Verlockungen geben. Da ist einfach die Verlockung des Materiellen. Das zieht und spricht uns an. Der Wunsch nach dem schöneren Haus von Bekannten, nach mehr Geld. Die viele Arbeit trotz der Gottessehnsucht. Das Beschäftigtsein, das keinen Raum für Gott mehr lässt. Das sind die Triebe, die wir in uns tragen, sie werden durch tausend Reize angestachelt. Könnte ich für mich die Hand ins Feuer legen, wenn da zwei Millionen Euro liegen würden und keiner würde sehen, wenn ich sie an mich nähme? Spüren Sie manchmal die Anziehung eines attraktiven Mannes oder einer schönen Frau? Trotzdem muss und wird man seinen Partner deshalb nicht verlassen.

Ich finde es immer noch besser, wenn jemand registriert, dass er noch Vollmensch ist, als wenn er jede Regung in sich unterdrückt. Wahrnehmen. Nicht bewerten. Den Umgang damit einüben. Den Brotkorb so hoch zu hängen, dass man nicht mehr dran kommt, das macht das Leben auch nicht schöner. Dann besteht Explosionsgefahr.

Ich weiß von einer Familie, die für sich als Maxime angenommen hat: „Unser tägliches Brot gib uns heute". Sie sammeln keine Reichtümer an, sondern sie nehmen sich sehr viel Zeit für ihre Kinder und sehen ansonsten nur zu, dass sie täglich über die Runden kommen. Die Ansprüche sind überschaubar, und diese Familie lebt wunderbar glücklich.

Wer den Mut aufbringt, wird sich wundern, wie viel Anerkennung und Befriedigung in einem solchen Lebensentwurf stecken kann. Viele Menschen würden applaudieren, weil sie genau diese Sehnsüchte in sich tragen, auch wenn sie oft verdeckt sind. In dem Mut, nach tiefen Quellen zu bohren, wird Glauben sehr konkret, weil man sich immer wieder im Leben entscheiden muss, auf welcher Seite man stehen will.

Dass man sich entscheiden muss, ist gleichzeitig die schöne, aber auch die harte Seite der Freiheit. Zurück zu dem Beispiel eines anziehenden Menschen, den Sie vielleicht begehren, obwohl Sie in festen Händen sind. Ich glaube, auch wenn man glücklich verheiratet ist, kann der Gedanke an einen anderen Partner verlockend sein. Aber wer erfahren hat, wie tief Liebe gehen kann, dass einen da jemand trägt, auch wenn es mal nicht so gut läuft, den hält diese Erfahrung bei seinem Partner. Ich glaube, wenn der Brunnen tief gebohrt ist, wird man klareres Wasser finden, und wenn man dieses Wasser gefunden hat, direkt an der Quelle, kann man leichter den Verlockungen von Gewässern mit trüben

Schleiern widerstehen. Vieles andere wäre schön, aber es gibt etwas Besseres. Das ist der verborgene Schatz im Acker.

Wichtig ist es, diesen Schatz zu pflegen und zu hüten. Der liebende Blick auf den anderen, für den muss ich mich zunächst einmal entscheiden. Sehe ich im anderen am frühen Morgen den unausgeschlafenen Menschen, der langsam die ersten Falten bekommt, oder habe ich einen liebenden Blick auf diesen Menschen, auf das innere Wesen, was mich fasziniert und auf das ich mich immer verlassen kann?

Es gibt im Englischen den schönen Ausdruck „to stay in touch" – in Berührung, in Kontakt bleiben, äußerlich und innerlich. Das gilt auch für meine Beziehungen zu den Menschen um mich herum. Und so, wie ich mich dafür entscheiden muss, mit ihnen „in touch" zu bleiben, braucht es die gleiche Entscheidung für ein Leben mit Gott. Und genau wie in einer Beziehung zu einem Menschen können Sie dann den Glauben in seiner ganzen Schönheit erleben.

Glück satt

Verbinden Sie mit dem christlichen Glauben ein Leben, das vor Fülle nur so überfließt? So steht es nämlich in der Bibel: „Ich bin gekommen, damit sie das Leben haben und es in Fülle haben" (Johannes 10,10).

Leider gibt auch die Kirche nicht immer das beste Beispiel dafür ab. Viele denken dann gleich an das Leben in einem Orden, und zwar besonders gern an die so genannten „strengen Orden", in denen es angeblich besonders christlich sei, alle Lebensfreude zu verdammen und sich eher noch selbst Schmerzen zuzufügen. Dabei sagt der Heilige Benedikt so schön: „Willst du das Leben haben in Fülle, dann komm zu uns."

Leben in Fülle bedeutet zunächst einmal, in der Gegenwart Gottes zu leben, sich der Gegenwart Gottes bewusst sein. Die „Anweisungen" sind relativ einfach: Gott und die Menschen lieben, Aufrichtigkeit, Ehrlichkeit, Gutes tun, Gerechtigkeit – das sind und bleiben grundlegende menschliche Verhaltensweisen, die gar nicht so schwer umzusetzen sind.

Benedikt zitiert im Vorwort seiner Regel aus dem Psalm 34: „Wer ist der Mensch, der das Leben liebt und gute Tage zu sehen wünscht? Bewahre deine Zunge vor Bösem und deine Lippen vor falscher Rede! Meide das Böse und tu das Gute; suche den Frieden und jage ihm nach!"

Um ein Leben in Fülle genießen zu können, müssen wir weg von der materiellen Ebene hin zur Verhaltensebene. Das ist ein radikaler Bruch mit dem heutigen Besitzstreben, weg vom Flachbildschirmfernseher, dem Auto und dem teuren Urlaub. Leben ist mehr als die Erfüllung materieller Wünsche, auch wenn ich den Menschen alles gönne, was sie besitzen. Aber Menschen mit viel Besitz haben häufig viele Sorgen am Hals. Wenn ich jemandem etwas Böses wünschen würde, wäre es wahrscheinlich effektiv, ihm zu wünschen, dass er unendlich viel Geld hat. Er ist dann den ganzen Tag damit beschäftigt, wie er es anlegt und wie er es hin- und herschiebt und nur ja nicht verliert.

Man hört ja immer wieder, dass Lottogewinner oft alles andere als glücklich sind. Es gibt Untersuchungen, die sagen: Das Glücksgefühl nach so einem Gewinn hält drei Monate an, und dann ist man wieder auf demselben Glückslevel wie vorher oder sogar darunter. Wahrscheinlich sind diese ersten drei Monate aber ganz schön …

Paradox, nicht wahr? Wir wissen, dass Geld allein nicht glücklich macht, rennen ihm aber permanent hinterher.

Ohne die Ausrichtung auf Gott wird die Loslösung von materiellem Besitzstreben nur schwerlich gelingen. Dabei ist nach Benedikt genau das der Weg zum erfüllten Leben. Da hat die Kirche den Fehler begangen – und begeht ihn sicher immer wieder –, den Menschen das Gefühl zu vermitteln, der Weg zum Leben führe vor allem über Dinge, die man *nicht* tun darf, über Entsagung und Erstickung von Wünschen und Leidenschaften.

Mit diesem Bild des strafenden, alles Mögliche verbietenden Gottes sind ganze Generationen aufgewachsen. Ich glaube, dass deshalb der Glaube für Menschen jüngeren Alters oft so unattraktiv daherkommt, weil sie ihn weder als besonders lebensnah noch als einladend oder gar als Gewinn wahrgenommen haben. Vielmehr verbinden viele mit dem Thema „Glauben" nur, dass sie sonntags nicht ausschlafen konnten und sonderbare Rituale erfüllen mussten, die sie nicht verstanden haben.

Diese so grundlegend falsche Vorstellung, dass man als religiöser Mensch angeblich nicht lebensfroh sein darf! Das sehen sogar manche Theologen so. Ich habe mal mit einem protestantischen Theologen an einem Tisch gesessen, und der hat losgezürnt gegen die Katholiken und gesagt: „Wenn man den Katholizismus anschaut mit seiner Lebensfreude, da ist so viel Heidentum hineingeraten, das ist die reinste Unterwanderung des Christentums."

Ich habe ihm geantwortet, dass mir dagegen sein rein intellektueller, nüchterner Zugang zu unserem wunderbaren, lebendigen und lebensbejahenden Glauben vorkommt wie eine Verpflanzung des Christentums in den regnerischen und nebligen Norden Deutschlands.

Dieser Glaube ist nicht sinnesfeindlich, er ist nicht lustfeindlich, er hat bei allem nur eine entscheidende Komponente, und die heißt Verantwortung.

Die Sexualität wird heute so sehr reduziert, geschändet, billig verkauft. Dabei darf sie aus der Sicht Gottes, der sie erfunden hat, von ganzem Herzen gelebt werden, sie sollte genossen werden, aber eben in Verantwortung. Ebenso ist es mit einem leckeren Essen und allen möglichen anderen Gaben Gottes; sie alle dürfen von uns genutzt, genossen und bestaunt werden. Man darf auf der Sonnenseite des Lebens stehen und reich sein, aber eben alles in Verantwortung.

Machen wir also Schluss mit diesem Bild vom christlichen Glauben, der schwer und voller Entbehrungen ist. Wir werden vielleicht als Christen auch auf manches verzichten, diese Reduzierung aber als wohltuend, als lebensstiftend erfahren. Alles ist erlaubt, aber nicht alles ist hilfreich.

Und: Kann denn andersherum der Weg ohne Gott wirklich zur Lebenserfüllung führen?

Glück im Unglück

Für viele war die *Love Parade* bis zu diesem schrecklichen Unglück in Duisburg der Inbegriff für „Leben in Fülle". Und Spaß zu haben, das gönne ich jedem von Herzen. Junge Menschen sollen sich austoben. Aber wohin zog es letzten Endes die Menschen, als die Katastrophe passierte? Wohin? In die Kirche!

Wo gibt es denn sonst noch Trost? Mir wäre es noch viel lieber, nicht nur dann den jungen Menschen zur Seite stehen zu dürfen, wenn es traurig wird. Sie und alle anderen sollen wissen: Wenn es traurig wird in deinem Leben, ist Gott für dich da. In allem anderen aber auch! Gerade jungen Menschen möchte ich sagen: Der Sinn und Nutzen eines Lebens mit Gott beginnt nicht erst dort, wo etwas Schreckliches passiert und man am Ende ist.

Das Beispiel von Duisburg hat gezeigt: Spaß ist nicht alles. Spaß ist noch nicht das Leben, es kann plötzlich zu Ende sein. Deshalb muss es mehr geben, um wirklich lebendig zu sein, um wahres Glück zu erleben.

Die sinnliche Erfahrung eines solchen Lebens in wirklicher Fülle geschieht häufig in der Gemeinschaft. Nicht nur in der Hilfestellung in Notsituationen, sondern auch in der gemeinsamen Feier, im gemeinsamen Fest.

Warum gehen die Leute in die Kirche? Um sich zu langweilen? Ich habe kürzlich abends mit meiner Band gespielt. Da kam der Pastoralreferent und fragte, ob ich nicht vorher noch einen Gottesdienst feiern könnte. Ich habe Ja gesagt, weil ich gedacht habe, es sei Samstagabend. Ich hatte mich aber vertan, es war Freitagabend, 17:00 Uhr, und die Kirche, eine riesige Kirche, war proppenvoll. Der Pastoralreferent schrieb mir später, es sei voller gewesen als am Heiligen Abend, und dabei wurden nur die üblichen Kirchenlieder gesungen. Ich vermute, dass das so war, weil bei unseren Auftritten etwas herüberkommt, was die Menschen dann wohl auch im Gottesdienst erwartet haben: Lebensbejahung und Lebensfreude.

Lesen Sie bitte nicht über diesen Satz hinweg: Christlicher Glaube heißt Lebensbejahung und Lebensfreude. Christsein besteht nicht nur aus Verzicht und der Einhaltung der Gebote. Sie gehören auf wohltuende Weise dazu, aber es gibt tausend andere Dinge im Glauben, die für Freude und Lebensglück sorgen. Und das würde ich auch gern vermitteln.

Leider ist das etwas, was viele nicht mehr mit dem Glauben verbinden. Deshalb möchte ich hier einen Akzent setzen für diese Lebensbejahung. Wo kann sie noch stattfinden, mitten im Alltag?

Wenn man zum Beispiel ein kurzes Gebet spricht und auf einmal merkt, mir wird geholfen. Mir geht das oft so, wenn ich vor einem langen Tag oder einem schwierigen Gespräch bete. Tagsüber von allem Möglichen abgelenkt merke ich oft erst abends, dass es irgendwie besser gelaufen ist, als ich gedacht hätte. Ich will das nicht als Automatismus sehen, aber ganz oft geschieht es einfach so. Da sagt Gott Ja zu mir, mitten im Alltag, und auch das ist eine Form der Lebensbejahung.

Die Kunst des Feierns

Feiern hat einen hohen Stellenwert in der Bibel. Zu Zeiten des Alten Testaments hat Gott seinem Volk sogar regelrecht *geboten*, immer wieder innezuhalten und das zu feiern, was Gott in ihrem Leben getan hatte. Noch heute begehen die Juden und die Christen viele religiöse Feste, und auch den meisten unserer gesetzlichen Feiertage liegen große christliche Ereignisse zugrunde.

Auch andere Feste haben ihren Ursprung in einem kirchlichen Anlass. Der Fasching zum Beispiel hat seine Wurzeln im Christentum. Da ging es ursprünglich darum, dass man sich noch einmal richtig den Bauch vollschlägt und sich noch einmal austobt, bevor die Fastenzeit beginnt. Darum heißt es auch „Fastnacht", denn am Aschermittwoch war alles vorbei. Oder die Kirmes. Kirmes, das war der Kirchfeiertag. Zu dem sind die Leute von überall her zusammengekommen, das war ein richtiger Gemeinschaftstag. All diese Leute mussten ja auch etwas essen; so haben sich bald die Verkäufer dazugesellt, und irgendwann ergänzte ein ganzer Markt das Kirchfest.

Die Kirche und die Christen haben hier schlicht einige ihrer ureigenen Felder preisgegeben, und das ist schade, weil die Menschen dadurch nicht mehr erleben, wie gemeinschaftlich Kirche angelegt ist. Wenn jemand Grund zum Feiern hat, dann doch wohl wir Christen! Es geht bei Kirche im Kern um Gemeinschaft, und die soll gefeiert werden!

Also sollten wir uns nicht darauf reduzieren, Gottesdienst zu halten, sondern in den Gottesdiensten unseren Gott wirklich feiern und auch Gemeinschaft stiften. Frömmigkeit ist keine Privatsache, kein Egotrip. Eucharistie ist immer eine gemeinschaftliche Feier, auch wenn es viele gibt, die sich am liebsten still in irgendeinen Winkel zurückziehen und einer Messe nur als Zuschauer beiwohnen möchten. Es ist interessant, wie gebräuchlich immer noch der Ausdruck „die Messe lesen" ist. Wenn da nur etwas gelesen wird, na, das hört sich ja nicht so spannend an!

Ich erinnere mich an zwei schöne Erfahrungen zum Thema Feiern und Gemeinschaft in St. Ottilien. Im Jahr 1980 wurde das 1.500-jährige Geburtsjubiläum des Heiligen Benedikt gefeiert. Wir wollten zu diesem Anlass irgendetwas Besonderes machen.

Ich habe damals gesagt, dass die Menschen in der Umgebung von St. Ottilien so viel für uns getan haben, dass wir ihnen mit einem Fest Danke sagen sollten. Wir haben einen großen Gottesdienst im Freien gefeiert und die Leute anschließend mit selbst gemachten Semmeln, Brot, Obatztem, Wurst, Leberkäse, Kuchen und allem verköstigt, was aus unserer klostereigenen Küche stammte. Dazu spielte die Klosterblasmusik. Es gab Mitbrüder, die sich schöne Spiele für die Kinder einfallen lassen haben. Das hat so eingeschlagen, dass es seither jedes Jahr so ein Fest gibt. Und wir dürfen keine Reklame mehr dafür machen, weil sonst zu viele Leute kommen. Es sind Tausende! Ottilien bricht zusammen an dem Tag. Das zeigt doch, dass die Leute gern kommen, wenn sie in einer Form angesprochen werden, die gemeinschaftsfördernd ist und Lebensfreude transportiert.

Ein zweites Beispiel: Zum 100-jährigen Jubiläum von St. Ottilien 1984 hat ein jüngerer Mitbruder mit seinem Freundeskreis am ersten Freitag im Monat eine Jugendvesper in der Ottilienkapelle vorbereitet, einer kleinen Barockkapelle. Ich schlug ihm vor, diese Vesper doch in der Kirche zusammen mit dem Konvent zu halten, aber er sagte: „Nein, in der Kapelle ist es so schön heimelig."

„Ihr mit eurer kuscheligen Ecke immer!", erwiderte ich, ließ ihn aber gewähren. Und es wurden immer mehr und mehr junge Menschen, die daran teilnehmen wollten. Im Jahr 2000, also 16 Jahre danach, kam der Zuständige während des Abendessens zu mir: „Vater Abt, heute Abend müssen wir die *Komplet*, das Nachtgebet der Mönche, im Kapitelsaal halten und nicht in der Kirche. Die Jugendlichen haben die Kirche besetzt, sie ist rappelvoll!"

„Auf diesen Tag habe ich lange gewartet", erwiderte ich lachend. Jeden ersten Freitag sind seitdem bis zu tausend Jugendliche nach St. Ottilien zur Vesper gekommen. Nie wurde dafür Reklame gemacht.

Warum kommen sie alle, was suchen sie? Diese Gemeinschaftserfahrung ist nicht irgendwie nur ein nettes Erlebnis, sondern sie ist mit Gebet verbunden. Mit der Erfahrung, dem Erleben von Gott. Diese Art von Feiern spiegelt eine tiefe Freude am Leben wider. Eigentlich kein Wunder, wenn das gerade junge Menschen nachhaltiger beglückt als eine bierselige Party.

Im Jahr vor dem Tod von Frère Roger war ich in Taizé. Auch da sah ich nach dem Abendgebet, wie die Jugendlichen vor ihm auf die Knie gegangen sind, um den Segen von ihm zu bekommen. Ich bin dann auch zu ihm gegangen und habe mich vorgestellt. Er hat sich sehr gefreut, und wir haben über die Auferstehung geredet. Frère Roger lebte ganz aus seinem Glauben. Das war seine Vision. Und davon sind auch Jugendliche ansprechbar. Heute! Sie spüren diese Echtheit.

Diese Beispiele zeigen, dass es diese freudige Form religiösen Lebens und dass es Sehnsucht nach Gott in Deutschland gibt. Wenn man sie nie erlebt hat, heißt das nicht, dass es so etwas nicht geben kann.

Oft muss man warten können. „Leben in Fülle" heißt auch, Menschen und Dinge wachsen zu lassen. Das kann für Sie bedeuten, sich beispielsweise von einem Mann wie Frère Roger inspirieren zu lassen. Von seinem tiefen Gefühl des Glücks in der Gemeinschaft mit Gott und anderen Christen und seiner Vision der Auferstehung. Manchmal hilft es, sich selbst zu sagen: „Jetzt setz dich doch mal hin und stell dir einfach vor, du stirbst und du wirst auferstehen!"

Auferstehen! Wie groß das ist. Das ist größer als jeder Sieg meiner Lieblingsmannschaft. Aber zugegeben, das scheint vielen Menschen ein eher abstrakter Grund zur Freude zu sein.

Freude in der ganzen Welt

In Deutschland haben wir immer Bedenken oder ein schlechtes Gewissen, wenn wir das Wort Gott aussprechen. Der natürliche Umgang mit Gott und mit dem Glauben ist uns vielfach abhanden gekommen. Bei allem, was die geschichtliche Aufklärung an Gutem gebracht hat, scheinen wir ihr Erbe hier zu überziehen.

Als Abtprimas der Benediktiner bereise ich die ganze Welt. Wie erfrischend und wohltuend anders ist doch oft der Zugang zum Leben und zum Glauben in anderen Ländern! Liegen die etwa alle falsch, oder können wir etwas von ihnen lernen? In vielen Ländern gibt es einen ganz natürlichen Zugang zu Gott. Gott gehört dort zur Wirklichkeit einfach dazu. Es ist ein ungebrochenes Verhältnis vorhanden, das wir selbst in anderen Religionen kennen. Wir reden zum Beispiel von der indischen Philosophie oder indischen Theologie, aber das sind eigentlich falsche Begriffe. Man kann nur gesamthaft vom *Glauben* dieser Menschen reden, weil dieser nicht von ihrem Alltagsleben, ihrem ganzen Denken und Handeln zu trennen ist; nur bei uns im sogenannten Abendland ist beides auseinander gebrochen.

Das hat seine Geschichte, die schon Jahrhunderte vor Christus begann. Damals waren es die Vorsokratiker, die auf einmal den überlieferten Glauben, der bei den Griechen üblich war, hinterfragten. Sie wollten selbst herausfinden, was an der Annahme dran ist, der Mensch sei der Mittelpunkt der Welt.

Der Mensch wollte also mit der eigenen Vernunft herausfinden, was die Wahrheit ist. Das ist bis heute noch so; die Vernunft ist sogar das eigentliche Kriterium und dem wird dann auch der ganze Glaube unterworfen. Deshalb sind schon in Griechenland der Volksglaube und der philosophische Glaube auseinander gebrochen. Und deshalb wurde Sokrates des Atheismus bezichtigt.

Und trotzdem sind die Südländer oft unbefangener dem Glauben an Gott gegenüber, auch wenn da vieles nicht mehr so selbstverständlich ist wie in früheren Jahren, zum Beispiel in Spanien. Ähnliches gilt für die USA, auch dort ist man oft wesentlich spontaner in seiner Gläubigkeit. Das hängt dort vielleicht damit zusammen, dass die ersten Siedler oft in Not waren und all ihre Schwierigkeiten mit Hilfe ihres Glaubens ertragen und aufgefangen haben. Ein bisschen so wie bei uns nach dem Zweiten Weltkrieg. Da war man noch viel selbstverständlicher gläubig, da hat man auch mal einfach um einen Sack Kartoffeln gebetet. Heute kauft man sich das, was man nötig hat. Wir brauchen heute keinen Gott mehr zum Überleben. Von daher klärt sich auch das Gottesbild: Gott wird aus der Welt hinausgeschoben.

Für die Wahrnehmung unseres Glaubens kann es sehr hilfreich sein zu realisieren, dass wir in Deutschland und im aufgeklärten Europa nur ein kleiner Teil der Welt sind, mit einem durch die Aufklärung bedingt sehr nüchternen Zugang zum Glauben. Wir sollten aber nicht so arrogant sein, unseren Lebens- und Glaubensstil als absolutes Maß der Dinge anzusehen. Ein Blick in „Nachbars Garten" lässt uns vielleicht erstaunt innehalten angesichts der Freude, die wir dort wahrnehmen. Leben in Fülle! Am deutschen oder europäischen Wesen muss die Welt nicht genesen.

Wie können wir diese Freude, diese Lebendigkeit im Glauben, die man in anderen Ländern oft sieht, wieder erfahren?

Verstand und Gefühl

Diese Lebendigkeit lässt sich entdecken, indem wir die Brüchigkeit unseres bisherigen Systems erkennen. Wir brauchen ganz sicher die Vernunft in genereller Hinsicht und auch in der Naturwissenschaft. Doch es ist keine Frage des Glaubens, wie die Welt naturwissenschaftlich betrachtet genau entstanden ist, nicht einmal, wie sich der Mensch entwickelt hat. Das ist alles sehr interessant, aber der Mensch ist eben nicht nur ein biologisches Wesen, sondern er hat auch Werte, Träume und Sehnsüchte und ist auf der Suche nach einem Sinnbezug über das Leben hinaus. Dieser Aspekt wird oft verdrängt, deshalb fehlt auch die Freude über die ganze Bandbreite unseres Menschseins.

Nun gibt es die Neurophysiologen, die uns sagen wollen, Gefühle und Sehnsüchte würden lediglich durch chemische Prozesse in unserem Gehirn ausgelöst. Aber wo ist das Substrat dieser Erkenntnis? Auch hinter Gefühlen wie der Liebe, die von niemandem in Frage gestellt werden, stecken körperliche Prozesse, die das Erleben erst möglich machen. Den neurophysiologischen Ansatz empfinde ich als trostlos. Was steckt dann hinter menschlichem Leben – nichts? Warum gibt es dann so etwas wie religiöse Gefühle – die Einsicht, dass es noch mehr gibt als die sichtbare Welt?

Nach der Evolutionstheorie entwickelt sich bei Lebewesen das weiter, was lebensnotwendig ist. Religiöse Gefühle scheinen dazuzugehören, weltweit. Und sie sind kein Placebo gegen Lebensängste. Da gibt es einfach eine andere, zusätzliche Dimension. Im Zusammenhang mit den Naturwissenschaften besteht die Gefahr, bei aller guten und richtigen Erkenntnis zu eindimensional zu denken und nicht zu sehen, dass es noch andere Wirklichkeiten gibt.

Verstehen Sie mich nicht falsch: Unsere Vernunft ist wichtig, und der Aufklärung verdanken wir vieles. Aber wir haben eine zu starke Gewichtung der Verstandesseite, die intellektuelle Sicht ist zu stark zu Lasten der Wahrnehmung anderer Wirklichkeiten um uns herum.

Zum Glauben gehört die Vernunft; sie ist uns von Gott gegeben. Man kann den Glauben aber nicht in Vernunft auflösen; beides steht auch in einem Spannungsverhältnis zueinander. Das ist der Rahmen, und der ist nicht von Menschen gemacht worden. Da der Mensch von Gott geschaffen worden ist, hat er beide Möglichkeiten: die, ganz irrational zu glauben und die, vernünftig zu sein.

Ohne Vernunft besteht die Gefahr, dem Aberglauben aufzusitzen, und dann kommen so grausame Taten heraus wie zum Beispiel im Mittelalter. Die Vernunft ist bis heute das Regulativ, um unvernünftige und glaubenswidrige Auswüchse des Glaubens und des Glaubenseifers zu erkennen und zu unterbinden.

Es ist ja so, dass Menschen, denen es nicht gut geht, eher beten als andere. Im Umkehrschluss bedeutet das auch, dass dieser Glaube offensichtlich Trost und Halt gibt. Es kann aber in einer solchen Situation auch Angst hinzukommen und eine ganz ungesunde Art, sich mit dem auseinanderzusetzen, was man gerade erleiden muss. Dann ist ein Fehlen der Vernunft gefährlich und kann in eine ganz verkehrte Richtung führen. Da gibt es auf einmal nicht nur Gott. Da tauchen Geister und zu befragende Ahnen auf, und es geht um die große Frage, wer Schuld hat.

Es gibt keine Krankheit, an der aus der Sicht solcher irrationalen Gläubigen nicht ein anderer Mensch schuld ist. Die Verhexung, der böse Blick und was es da alles gibt; in manchen Regionen ist solcher Aberglaube unterschwellig noch sehr stark vorhanden. Abergläubische Menschen sind irgendwo unbefangener, offener auf eine Dimension hin, blenden dafür aber die rationale Seite aus, während wir geneigt sind, unsere Dimension auf die Vernunft zu reduzieren. Beide Verkürzungen sind unausgewogen und nicht hilfreich, um das ganze Ausmaß Gottes und des Glaubens an ihn zu erfassen.

Freude am Glauben beginnt dort, wo ich aufhöre, immer nur mit dem Kopf beteiligt zu sein, und mich den befreienden und sinnlichen Dimensionen dieses Glaubens wieder nähere.

Inneren Frieden finden

Menschen, die sich in Notsituationen an Gott gewendet haben, berichten oft von der Geborgenheit, die ihnen von Gott geschenkt wurde. Das ist enorm! Geborgenheit, die von Gott kommt, zeigt sich in einem tiefen Frieden, einer Gelassenheit inmitten der Ängste des Alltags. Die gibt es ja reichlich: Angst, den Job zu verlieren, den Status nicht halten zu können, mit dem Geld nicht auszukommen, den Partner zu verlieren, krank zu werden, einen geliebten Menschen leiden zu sehen.

Doch inmitten eines ganz normalen Menschenlebens gibt uns dieser Gott das Versprechen, uns tiefste Geborgenheit, Gelassenheit und inneren Frieden zu schenken. Wenn das nichts ist!
In einem Song meiner Band, „My best friend", geht es genau darum: Ich brauche in dieser Welt Freunde. Wenn es mir aber dreckig geht, wenden sich viele Menschen ab, und dann gibt es nur ein paar, die mir treu zur Seite stehen. Und es kann auch der Punkt kommen, an dem keiner mehr da bleibt. Doch dann ist da immer noch der eine Freund, der mir trotzdem Geborgenheit schenkt. Wenn alle mich verlassen, er wird mich nicht verlassen, das hat Jesus uns zugesagt: „Seid gewiss: Ich bin bei euch alle Tage bis zum Ende der Welt" (Matthäus 28,20). In Jesaja 49,15 heißt es „Kann denn eine Frau ihr Kindlein vergessen, eine Mutter ihren leiblichen Sohn? Und selbst wenn sie ihn vergessen würde: ich vergesse dich nicht."

Das ist ein hochaktueller Text! Wie viele Menschen fühlen sich heute verlassen, im Stich gelassen! Von der Mutter, dem Vater, dem Ehepartner, den Vertrauten. Wir waren so stolz auf unsere Unabhängigkeit, unsere Vereinzelung – und sind dabei vereinsamt. Natürlich gibt es Leute, die ganz viele Freunde haben, aber die Vereinsamung ist ein ganz großes Thema. Wir leben nicht mehr in Großfamilien; es gibt immer mehr Single-Haushalte. Gerade in der älteren Generation ist da ganz viel Einsamkeit.

Die Kinder sind längst aus dem Haus, sie leben in anderen Städten. Man wohnt in Hochhäusern und kennt den Nachbarn nicht mehr. Wenn man sich in dieser Lebenssituation die Dimension klarmacht: „Da ist jemand, der mich wie ein Freund hält" – das kann so viel Licht in die Herzen der Menschen bringen.

Jetzt mag es viele geben, die sagen: „Ich bin noch nicht so alt, auf mich trifft das nicht zu." Das stimmt – in jungen Jahren oder in der Lebensmitte haben wir andere Probleme, zum Beispiel chronischen Zeitmangel.

Wie kann der Glaube Gelassenheit und inneren Frieden schenken, wenn wir vom Alltag getrieben werden? Wie kann das in einer Familie gehen, in der beide Eltern berufstätig sind?

Der Glaube kann und muss nicht in jedem Moment die unmittelbare Geborgenheit geben. Aber er kann so etwas wie ein Dach über dem ganzen Haus sein. Ich merke es eigentlich gar nicht. Es ist so, wie wenn ein Kind im Haus spielt, und die Mutter ist auch da. Das Kind braucht die Mutter gar nicht zu sehen, aber es spürt, dass sie da ist, und so kann es beruhigt spielen. Wenn die Mutter kurz das Haus verlässt, spürt das ein Kind sofort und fühlt sich dann gleich viel unsicherer. Dieses Bild will zeigen, dass mir Geborgenheit im Glauben wie eine Sicherung geschenkt wird, die im Hintergrund wirkt.

So ist das auch, wenn ich bete. Ich brauche dazu gar keinen großen Aufschwung des Herzens machen. Es ist sozusagen so, als wenn ich mich umdrehe und mit Gott rede, der die ganze Zeit da ist.

Dieses schützende Dach über dem Kopf, dieses Kind, das die beruhigende Anwesenheit der Mutter spürt – wie kann man dieses Bild Menschen vermitteln, die getrieben sind? Denen man einfach sagen möchte: „Hör auf zu rennen und setz dich mal in den Schatten eines Baumes!"

Raus aus dem Hamsterrad

Das Leben auf der Überholspur ist eines der größten Probleme unserer Zeit. Es betrifft nach meiner Wahrnehmung einen Großteil der Bevölkerung. Menschen, die sich einfach gestresst fühlen, weil es zu viel ist, was ihnen zugemutet wird – oder was sie sich selbst zumuten.

Überrascht Sie der letzte Halbsatz? Ich meine ihn ernst. Oft lassen wir uns von uns selbst treiben. Natürlich wird der Stress auch bedingt durch die moderne Arbeitssituation, und aus der kommt man oft einfach nicht heraus. Das ist der echte Stress, an hundert Ecken gleichzeitig arbeiten zu müssen, man kann nie bei einer Sache bleiben. Aber es ist auch wichtig zu erkennen, was denn der eigene Anteil an dieser Situation ist, und dort entgegenzuwirken, wo ich es beeinflussen kann. Und da geht viel mehr, als viele vielleicht denken.

Es ist für mich ganz wichtig, im Hintergrund trotz allem einen zu wissen, der mich begleitet. Der einfach da ist. Das nimmt dem ganzen Stress die Sinnlosigkeit. Ich glaube, dass dies das eigentlich Schlimme am Stress ist: das Gefühl der Sinnlosigkeit.

Ja, wir stressen uns auch selbst. Ich glaube, es ist fast wie mit einem Hamster, der im Laufrad steckt. Das Rad muss sich drehen, sonst fühlt sich der Hamster nicht wohl. Ich glaube auch, dass wir uns mit der Zeit an dieses Getriebensein gewöhnen, physisch und biologisch. Der Schrecken kommt dann erst, wenn wir einmal ruhig werden.

Was kann ich gegen diesen unausgewogenen Lebensrhythmus tun? Der Heilige Benedikt hat uns Mönchen mit seiner Regel einen festen Tagesablauf vorgegeben, so dass bei allem Beschäftigtsein Ankerpunkte da sind, in die wir Pflöcke zum Entschleunigen hineinschlagen.

Ich halte diese Mönchsregeln für übertragbar in das Leben eines jeden Menschen. Den Tag bewusst mit Gott beginnen. Ihn von Gott unterbrechen lassen. Ihn mit Gott abschließen. Das alles kann eine beruhigende Grundmelodie über die hämmernden Bässe des Alltagsliedes legen.

Das hat auch etwas mit einer eigenen Entscheidung gegen einen stressigen Tagesablauf zu tun. Wenn ich, wie Papst Benedikt einmal sagte, Gottes leise Frequenz wahrnehmen will, dann muss ich den Lautsprecher meines Lebens einfach mal herunterdrehen, sonst kommt da nichts durch.

Neulich erzählte mir jemand von einer Wandergruppe, die in den Bergen unterwegs war. Die sind die Berge hochgekraxelt und waren stolz, was sie geleistet haben. Als sie zurückkamen, hat sie jemand gefragt, ob sie die Bergwiesen gesehen hätten, die wunderbaren Blumen? Nein, hatten sie nicht. Es ging wieder einmal um die Leistung, nach oben zu steigen. Man stresst sich, setzt sich selbst in der Freizeit unter Druck und nimmt dabei vieles nicht mehr wahr.

Wir können aus unserer Leistungsgesellschaft nicht fliehen. Sie ist da, wir müssen uns ihr stellen. Aber das, was wir an Einfluss haben innerhalb dieser Gesellschaft und dem Leben, das wir bewusst oder unbewusst führen, müssen wir aktiver gestalten. Mal auf die Bremse treten, nicht jedem Auftrag hinterher rennen. Absteigen vom Rad und sich die Schönheit der Landschaft anschauen.

Wie kann man sich das wieder angewöhnen? Man muss es zunächst mal *wollen*. Vielleicht muss man auch mal erfahren, wie schön das ist, wenn jemand sagt: „Jetzt ist Schluss, ich halte mal inne." Das tun mittlerweile viele Manager, die „Kloster auf Zeit" leben, ein Stille-Wochenende oder auch längere Exerzitien. Manche werden dann erst einmal richtig kribbelig, weil nichts mehr los ist, und das ist das eigentliche Getriebensein des Kämpfers: Sich selbst ohne Beschäftigung nicht aushalten können.

Aber es gibt auch die anderen, die sich herausziehen und für eine Weile in ein Kloster gehen – und dann spüren, dass eine Sehnsucht in ihnen wächst, dazubleiben. Die merken, dass sie, anders als im getriebenen Alltag, auf einmal bei sich selbst und bei Gott ankommen. Aber sie stehen mitten in dieser Welt, haben Verantwortung für ihre Familien, im Beruf. Jetzt spürt so ein Mensch, dass er in dieser Ruhe viel mehr der ist, der er wirklich ist. Soll er oder sie am nächsten Morgen seinen Job kündigen?

Nun, jeder von uns hat Verantwortung für andere und für sich selbst. Diese Sehnsucht nach Ruhe – ja, die gibt es, und nicht erst in unserer heutigen Zeit. Viele große geistliche Menschen waren in ihrer Zeit eigentlich ganz schön gestresst. Ich denke da an Papst Gregor den Großen, an Bernhard von Clairvaux und auch an Hugo von Cluny.

Sie alle waren Menschen, die sich eigentlich ein streng kontemplatives Leben gewünscht hatten – und dann doch auf allen Hochzeiten gleichzeitig tanzten. Daraus resultierte eine unendliche Sehnsucht nach Ruhe. Ich bin aber überzeugt, dass sie diese Ruhe gar nicht ausgehalten hätten. Das war ja auch gleichzeitig ihre Stärke, diese Umtriebigkeit. Damit haben sie Klöster gegründet; Hugo von Cluny war in Canossa dabei und hat den Papst bewegt, dass er doch ein bisschen gnädiger mit Heinrich dem IV. sein und ihn von seinem Bann lossprechen solle. Damals hatten sich wegen dieses Bannes bereits die Fürsten vom König losgesagt. Sie haben die Situation einfach weise ausgenutzt und gesagt, dass sie mit einem exkommunizierten König ja offensichtlich nicht zusammenzuarbeiten brauchen, und so konnten sie ihre Lokalmacht ausdehnen.

Hugo von Cluny hat sich dann im Alter in ein kleineres Kloster unweit von Cluny zurückgezogen und ist fast die ganze Zeit dort geblieben, weil er den Stress offenbar nicht mehr ausgehalten hat.

Loslassen lernen

Was sagt uns das heute? So ganz neu scheint unser Problem gar nicht zu sein. Ganz aus allem herauszutreten ist in meinen Augen keine Lösung. Die „Entdeckung der Langsamkeit" allein bringt es nicht.

Es ist doch ganz logisch: Wenn mir irgendetwas fehlt, empfinde ich eine große Sehnsucht. Wenn ich das Ersehnte dann aber habe, zum Beispiel Ruhe im Überfluss, bin ich trotzdem nicht ganz so glücklich.

Wenn man allerdings merkt: „Ich bin mehr bei mir, wenn es etwas ruhiger ist, ich habe mehr Zeit und Geduld für meine Mitmenschen, für Gott, und das tut mir gut", dann sollte man sich in der Kunst des Loslassens üben. Auf Distanz gehen zu manchen Dingen und zu manchen Menschen. Mal über etwas lachen können.

Diese Distanz brauche ich, um überhaupt zur Ruhe zu kommen. Dazu gehört es auch, sich selbst relativieren zu können.

„Ich muss doch die Leistung meiner Mitarbeiter kontrollieren, ich muss doch den Rasen gemäht haben" – nein, müssen Sie nicht! Manche Leute meinen, sie müssten sämtliche Probleme im Griff haben. Außer den eigenen auch die der anderen. Es gibt so viele Dinge, für die sind andere zuständig und vielleicht sogar viel besser geeignet; ich muss nicht alles machen. Diese Versessenheit darauf, alles selbst machen zu müssen, bedeutet nichts anderes, als dass man keinem anderen vertraut. Wenn ich lerne, Gott zu vertrauen, dann werde ich auch lernen, anderen Menschen zu vertrauen.

Vergebung befreit

Bei der Kunst des Loslassens geht es auch um den Themenkomplex, dass man seine eigene Schuld und die Schuld anderer loslassen kann, ja sogar loslassen *muss*, weil sie uns auch bindet und uns den inneren Frieden raubt.

Wenn ein Mensch einen anderen verletzt, dann ist das etwas ganz Schlimmes, zum Beispiel wenn mich jemand vor anderen verleumdet, oder noch extremer, wenn jemand einen anderen missbraucht. Die Verletzungen aus solchen Erlebnissen sitzen sehr tief, und viele Kirchenleute haben bei den Missbrauchsfällen einfach nicht gesehen, wie weit das geht.

Wie kann ich jemandem helfen, dass er über solche schweren Verletzungen hinwegkommt, dass sie vernarben können?

Als Betroffener oder Betroffene muss ich der Wunde die Chance zur Vernarbung geben, sonst bleibe ich immer in meiner Vergangenheit gefangen. Dann ist die Wunde ewig offen, man kommt nicht mehr weiter. Jeder Mensch hat die Möglichkeit, seine eigene Psychohygiene zu beeinflussen. Wenn ich das jemandem anrate, dann sagt man mir manchmal, das sei grausam. Tatsächlich halte ich es aber für grausam, das Trauma eines Menschen ewig festzuhalten und immer wieder darin herumzubohren und es für alles verantwortlich zu machen, was einem im Leben so zustoßen kann. Ich muss auch diese Seiten meines Lebens loslassen können, um frei zu werden und wieder nach vorn blicken zu können.

Was kann bei der Kunst des Loslassens der Beitrag des Glaubens sein? Was ich jetzt sagen werde, klingt so einfach und ist für viele doch so schwer: Ich kann das Ganze Gott überlassen, damit er dafür sorgt, dass mir Recht geschieht. Gott, der wiederum durch Jesus gesagt hat, man solle nicht nur sieben Mal, sondern sieben mal siebzig Mal verzeihen.

Das ist aber kein billiges Verzeihen; die Vergebung Gottes geht ja so weit, dass Jesus zur Aussöhnung mit der Welt ans Kreuz gegangen ist. In diesem Licht des Glaubens kann ich es schaffen, anderen zu vergeben, auch an ganz schwierigen Stellen loszulassen.

Der entscheidende Schritt wird dort gemacht, wo ich für mich erkennen kann, dass mir ein anderer, Gott nämlich, vergeben hat und seinen Sohn für mich hingab, wie es im Johannesevangelium heißt, damit ich das ewige Leben habe (Johannes 3,16). Das ist eines der größten Geheimnisse unseres Glaubens, das den Menschen heute aber sehr fremd geworden ist und kaum noch verstanden wird.

Mancher mag noch wissen, dass da jemand Bedeutendes gelebt hat, und der war vielleicht auch Gottes Sohn, hat uns ein paar Regeln mitgegeben und ist am Kreuz gestorben. Pech gehabt. Aber die Kirche sagt nun, er ist für meine Sünden gestorben. Warum? Wir kennen uns doch gar nicht persönlich! Und wegen meiner kleinen Notlüge von gestern beispielsweise wäre doch so etwas Drastisches kaum nötig gewesen, oder?

Die meisten Menschen zählen sich ja grundsätzlich zu den netten Leuten, die nichts tun, was in diesen großen Begriff „Sünde" hineinpassen würde. Und wenn doch, sind sie nicht der Ansicht, dass das diesen Jesus etwas angeht, falls es ihn überhaupt wirklich gegeben hat. Und die ganze Idee der Auferstehung ist noch fremdartiger für sie als alles andere zusammen.

Damit wollen wir uns im nächsten Kapitel noch eingehender beschäftigen.

Trost und Hoffnung

Es gibt viele Texte, die wesentlich älter sind als die Überlieferungen des Christentums, von denen viele in der Bibel zusammengefasst sind. Die Echtheit dieser älteren Texte ist allgemein noch anerkannter als die der Bibel, und sie bestätigen deren Verlässlichkeit. Faktisch steht heute quasi außer Frage, dass dieser Jesus von Nazareth wirklich gekreuzigt worden ist. Es gab eine Menge Zeugen, die aussagten, dass er auferstanden ist. Sie hatten ihn gesehen, er hatte mit ihnen gesprochen.

Und dieser Jesus von Nazareth hat gesagt, dass nicht nur er auferstanden ist, sondern dass wir alle nach unserem Tod auferstehen können. An welcher Stelle der Überlieferung haken wir denn jetzt ein und sagen: „Das glaube ich jetzt aber nicht mehr!"? Die Quellen sind die dieselben.

Und dieser Jesus hat nicht nur davon gesprochen, er hat seinen Worten Taten folgen lassen. Er hat den zweifelnden Thomas seine Wunden berühren lassen. Vielleicht bekommen Sie ja auch eine Ahnung, dass am christlichen Glauben etwas dran sein könnte. Und dass er uns wirklich eine überwältigende Perspektive über den Tod hinaus zeigen kann.

Das ist jedenfalls mein Anliegen, dass Menschen diese Dimension zu erahnen beginnen, und ich frage mich oft selbst: Wie teile ich das in kleine Stücke auf, dieses große Stück Fleisch, dieses große Stück Brot, sodass es verstanden wird und ich mich nicht selbst täusche?

Es gibt auch Theologen, die die Auferstehung komplett leugnen. Diese Opfertheorie ist ihnen zu grausam, dass Jesus sozusagen stellvertretend für uns vor Gott sein Leben lassen musste. Und sie ist ja auch grausam – genauso grausam und schwerwiegend wie die Folgen der Sünde selbst.

Haben sie je verstanden, wie weit Liebe gehen kann?

Wenn wir aber nicht an die Auferstehung glauben, dann können wir alles vergessen, dann ist das das Ende der Geschichte. Dann wäre Jesus völlig umsonst gestorben und hätte damit auch alles ad absurdum *geführt, was er vorher gesagt und getan hat.*

Doch zum Glück *ist* er auferstanden und hat uns mit seinem Tod die Möglichkeit gegeben, unsere Sünden loszuwerden und vor Gott treten zu können. Ich muss mir immer neu klar machen: Er ist auch für *meine* Sünden gestorben, für die, die ich heute begehe.

Vielleicht müssen wir den etwas antiquierten Begriff „Sünde" auch noch einmal anders betrachten. Es kann helfen, mich in die Gestalten zu Jesu Zeit hineinzuversetzen, vielleicht in einen der Soldaten, die ja nur ihre Befehle ausführten. Vielleicht wäre ich auch einer der Jünger gewesen, die weggelaufen sind, als es brenzlig wurde. Wenn dieser Jesus heute leben würde, würde ich trotzdem sündigen – und ihm hoffentlich trotzdem folgen.

Ich glaube, wir haben noch zu wenig wahrgenommen, was es eigentlich heißt, dass die Jünger damals davongelaufen sind. Für sie war mit Jesu Verhaftung und Tod eine ganze Welt zusammengebrochen. Die Verzweiflung an der Sinnlosigkeit dieses Todes muss abgrundtief gewesen sein. Das Gefühl kenne ich auch von Schwerkranken. Es gibt aber auch die andere Seite – mir fällt gerade eine schwer krebskranke Bekannte ein, die auf den Gekreuzigten sieht, als wenn sie mehr wüsste. Die tief in sich das sichere Wissen trägt, dass sie die letzten Tage schon überstehen wird in der Gewissheit ihrer Auferstehung. Die das Beispiel Jesu einfach für sich in Anspruch nimmt. Wie viel ruhiger kann man mit dieser Haltung durch Leid und Tod gehen!

Wusste eigentlich Jesus, dass er drei Tage später auferstehen wird? Ja und nein. Er war Gottes Sohn und kannte die Verheißungen, die wir im Alten Testament finden. Aber wir kennen auch sein verzweifeltes Gebet im Garten Gethsemane, zutiefst menschlich, in dem er seinen Vater bat, ihm diesen „Kelch" zu ersparen. Und dann der Schrei am Kreuz: „Mein Gott, mein Gott, warum hast du mich verlassen?" Das war tiefstes Alleinsein.

Jesus ist kein abgehobener Gott, der das mal schnell durchzieht, weil er weiß: In drei Tagen bin ich wieder obenauf. In diesem tiefen Alleinsein ist er uns Menschen so nah.

Sein Tod, nein, er war nicht umsonst, kein tragischer Irrtum. Sein Tod und seine Auferstehung waren das wichtigste Ereignis in der Geschichte der Welt. Und deshalb ist auch unser Leben, unser Leiden, sind unsere Fragen nicht umsonst. Deshalb wollen wir nicht weglaufen wie die Jünger. Bei ihnen war es Unverständnis, Angst, Verzweiflung über die vermeintliche Sinnlosigkeit des Todes Jesu. Heute wollen wir vielleicht weglaufen, weil Glauben irgendwie überflüssig scheint, nicht mehr angesagt ist, die Kirchen leerer werden, wir den Gottesdienst nicht als Event erleben oder Ähnliches. Da möchte ich rufen: „Schaut auf das Feuer und nicht auf die Asche! Lauft nicht weg!"

Aber wir verdrängen das Thema stattdessen immer mehr. Mit den heute üblichen Formen von Beisetzungen tue ich mich beispielsweise immer wieder schwer. Ich habe von einem Piloten gehört, der vor ein paar Jahren aus der Kirche ausgetreten ist. Der hat sich jetzt einäschern lassen und von einem Flugzeug aus seine Asche über Italien ausstreuen lassen. Was steckt dahinter? Was geht in solchen Menschen vor? Was für eine Sehnsucht treibt sie an?

Mit solchen Beisetzungsformen geht uns ein Stück Erinnerungskultur verloren. Früher waren die Friedhöfe Orte, die uns daran erinnert haben, dass das Leben vergänglich ist. Heute gehen die Leute aus dem Leben und wollen alle Spuren verwischt haben. Lasst doch den Menschen, die nach euch folgen, diese Erinnerungsstätte! Nehmt ihnen nicht diese Orte, an denen sie zur Ruhe kommen.

Wenn ich auf einem Friedhof bin, dann stelle ich mich ein Stück weit in die Ewigkeit. Man wird dort, wie man so schön sagt, zur letzten Ruhe gebettet. Das sind Orte, die die Hektik des Alltags relativieren können, weil man auf einem Friedhof spürt: Ich befinde mich auf einmal wieder in einem größeren Zusammenhang.

An der Schwelle zur Ewigkeit

Es gibt heute viele Leute, die dafür plädieren, Menschen beim Freitod zu helfen, wenn das Leben beschwerlich wird. Der Wunsch nach einem schönen, selbstbestimmten Ende. Ich sitze dann immer mit einem großen Fragezeichen über dem Kopf da. Ist das nicht sehr kurzsichtig gedacht? Andererseits, wenn ich keine Auferstehungshoffnung habe, dann bin ich gefangen in meinem kleinen Lebenshäuschen. Dann ist es nur verständlich, wenn man sagt: „In meiner Alterseinsamkeit, meinen Schmerzen bin ich des Lebens überdrüssig, es taugt nichts mehr, ich mache jetzt Schluss."

Es gibt so viele, die gern die definitive Spritze hätten. Was geht in solchen im wahrsten Sinne des Wortes „lebensmüden" Menschen vor? Wie kann ich diesen Menschen eine andere Dimension mitteilen?

Ich würde ihnen gern sagen: „Ihr seid jetzt ganz mit Leben erfüllt. Die Sanduhr ist vielleicht abgelaufen, aber sie ist auf der anderen Seite voll mit schönem Sand, er ist nicht verronnen ins Bodenlose. Erlebt jetzt auch noch bewusst diese letzte Phase und lernt, was es daraus zu lernen gibt, und dann kommt das Allerbeste erst noch!"

Es gibt auch die entgegengesetzte Haltung, bei der sich Menschen um jeden Preis an ihr kleines Leben klammern. Die es nicht loslassen können, weil sie denken, danach ist alles aus. Und auch hier ist die christliche Perspektive, die Hoffnung auf eine Auferstehung, das allergrößte Hilfsangebot!

Dazu hat mir ein Mann eine Geschichte erzählt. Sein Schwiegervater musste sich überraschend einer schweren Operation unterziehen. Als er ihn nach der OP sah, war er sich fast sicher, er kommt nicht durch. Doch er lebte dann noch ein halbes Jahr.

Dieser Mann empfand im Nachhinein diese Krankheitszeit seines Schwiegervaters als Geschenk für seine Familie, die sich an den Gedanken seines Todes gewöhnen und Abschied nehmen konnte. Dennoch blieb zunächst die Überzeugung, dass nur die Apparatemedizin dafür gesorgt hatte, dass sein Schwiegervater nicht schon früher gestorben war. Und wie machtlos er sich gefühlt hatte! Da hing nur noch ein Bündel Mensch an diesen Apparaten, nicht fähig, sich zu artikulieren. Wie klein muss er sich gefühlt haben, wie unwürdig in seiner Hilflosigkeit. Da wird man sich der eigenen Endlichkeit und Zerbrechlichkeit bewusst, und vielleicht ist das manchmal auch nötig, um uns zur Besinnung zu bringen.

Der Schwiegervater war nie ein gläubiger Mensch gewesen. Und dann kam der Abend, der alles veränderte, der deutlich machte, warum diese Zeit des Leidens nötig gewesen war. Der Abend, der ihm Momente tiefster Nähe zu seinem Schwiegervater schenkte wie nie zuvor. Sein Schwiegervater konnte nicht mehr viel sprechen, deshalb saß er lange Zeit einfach an seinem Bett. „Kann ich irgendwas für dich tun?", fragte er schließlich.

Sein Schwiegervater antwortete: „Du kannst ja mal für mich beten, zu deinem Gott."

Und dann hat er für ihn am Krankenbett gebetet. Zuerst frei, dann schloss er das Gebet mit dem Vaterunser. Ein Moment der

Stille setzte ein. Und dann entfuhr seinem Schwiegervater ein tiefer Seufzer vom Grund seiner Seele: „Das hat so gut getan!"

Mehr sagte er nicht, aber mehr war auch nicht nötig, um zu spüren, wie tief sein Schwiegervater in diesem Moment von Gott angesprochen und erreicht worden war.

Die Tiefe dieser Begegnung wäre ohne die vorherige Phase des Leids nicht möglich gewesen. Solche Erfahrungen können uns in unserem Umgang mit leidvollen Erfahrungen stärken. Und von dieser Erfahrung mag noch manch anderer profitiert haben, weil der Schwiegersohn auf der Beerdigung davon berichtet hat. Wir wissen nicht: Hat da ein Mensch auf dem letzten Wegstück noch Frieden machen können mit Gott, oder hat er einfach in den letzten Tagen seines Lebens noch eine Ahnung bekommen, dass da oben jemand ist? Es steht uns nicht zu, das zu beurteilen. Das ist etwas, das zwischen Gott und dem Herzen eines jeden Menschen entschieden wird.

Wenn jemand zu diesem Punkt kommt, dann ist das für mich ein Symptom dafür, dass der Glaube immer da war, als eine tiefe, unausgesprochene Sehnsucht, aber offenbar durch irgendetwas verschüttet wurde. Deshalb wollte er dann auch nicht mehr glauben, bis er Gott auf eine andere Art und Weise entdecken konnte und spät im Leben noch echten Trost erfahren hat. Bei manchen ist es der Pfarrer der Kindheit, der ihnen den Zugang zu Gott unmöglich gemacht hat, bei anderen so etwas Schlimmes wie die jüngsten Missbrauchsfälle; Erfahrungen, bei denen man von anderen Menschen und irgendwie auch von Gott enttäuscht wurde.

Die Geschichte dieses Mannes zeigt eins: *Auch wenn ich diesen Glauben an Gott bisher nicht vermisst habe, kann ich ihn auch noch ganz am Ende, wenn es hart auf hart kommt, als etwas Tröstliches und Tragfähiges erfahren. Und wenn so tiefe Erfahrungen möglich sind, ist es doch eigentlich schade, wenn ich so lange damit warte, diesem Gott intensiv zu begegnen!*

Die Sehnsucht nach einem Gott, der Geborgenheit und Trost schenkt, ist so anders als das, was oft von Gott vermittelt wird. Viele Menschen haben vielleicht durch den Katechismus-Unterricht oder andere Gelegenheiten, bei denen Leute ein falsches Bild von Gott vermittelt haben, einen kleinkarierten Gott erfahren. Oder einen, der keine Freiheit schenkt, sondern mich in meinem Denken bevormundet, der mich in meiner Moral gängelt, obwohl ich ein selbstständig denkender Mensch bin und vielleicht viel Verantwortung trage. Es gibt so viele Vorstellungen von Gott, die mit seinem wahren Wesen nichts zu tun haben. Deshalb möchte ich Ihnen so gern von dem wohltuenden Gott berichten, den ich im Lauf meines Lebens kennengelernt habe.

Ungeahnte Möglichkeiten

Jesus hat uns als Kernaussage die Aufforderung mitgegeben, Gott und unseren Nächsten von ganzem Herzen zu lieben. Nicht mehr und nicht weniger. Wenn Gott im Spiel ist, geht es immer um Heilung, Liebe, Zuwendung, Neuanfänge – und das spiegelt sich auch in unseren Begegnungen mit anderen Menschen wider.

Genau das ist es, was da im Krankenhaus zwischen Schwiegervater und Schwiegersohn passiert ist. Auch wenn der Schwiegersohn das nie so genannt hätte, das war echte Seelsorge: Sorgen für die Seele des anderen, ihr und damit ihm gut tun. Sie rausholen aus dem Keller der Verzweiflung und Angst hinein in das wärmende Licht von Gottes Gegenwart. Da war auf einmal eine ganz tiefe Beziehung zwischen den beiden, und der Schwiegersohn berichtete mir, wie er plötzlich seinen Schwiegervater, mit dem er in der Vergangenheit nicht immer konform gegangen war, mit seiner ganzen Biografie sehen und so etwas wie Liebe für ihn empfinden konnte.

Auf einmal bricht etwas auf zwischen zwei Menschen. Verhärtete Fronten weichen auf, ganz neue Möglichkeiten zeigen sich. So ist das, wenn Gott im Spiel ist.

Das zeigt auch, dass Glaube und Weitergabe des Glaubens nicht nur das Gebiet von Geistlichen ist. Viel wichtiger ist, dass es echt und ehrlich ist und man nur von Dingen spricht, hinter denen man auch wirklich ganz steht.

Mich fragen viele Menschen, wie ich konkret meinen Glauben lebe. Die wollen es ganz genau wissen. Und in dem Moment, wo sie den Eindruck hätten, ich heuchle ihnen etwas vor und Glauben führt zu einer Lebenslüge, wäre es vorbei. Und das mit Recht! Der Glaube kann nicht einfach über Ungereimtheiten hinwegtäuschen – ganz im Gegenteil: Der Glaube gibt mir Orientierung, damit ich mein Leben *nicht* auf einer großen Lebenslüge aufbaue.

Jeder möchte doch Orientierung, und ich bin mir sicher, die Frage nach Gott kommt bei jedem Menschen früher oder später auf. Bei dem einen auf dem Sterbebett, beim anderen wie bei mir schon mit 14 Jahren, als ich mich darauf festgelegt habe, einen geistlichen Weg zu gehen.

Spätestens beim Thema Leid und Tod merken wir, dass die Fragestellung „Warum soll ich glauben?" eigentlich verkehrt ist. Denn ich muss ja nichts. „Warum darf ich glauben?", diese Frage drückt viel besser meine große Lebenschance aus.

Und wir sehen es immer wieder. Nach dem *Love Parade*-Unglück in Duisburg, dem Selbstmord von Nationaltorwart Robert Enke, immer dann sind die Kirchen überfüllt, suchen und finden Menschen Trost bei Gott und in der Gemeinschaft der Trauernden. Glauben angesichts von Leid und Tod, bei einem Suizid oder auch bei einem Unglück, da springen viele vielleicht einfach in dieses hilfreiche Ritual hinein. Andere bekommen aber auch eine Ahnung davon, dass der Glaube die Möglichkeit eröffnet, Dinge in einem anderen Licht zu sehen, als man sie bisher gesehen hat.

Oft ist es so, dass ich mich im Angesicht des Todes eben doch frage: „Was macht das Leben eigentlich aus?"

Es gibt Leute, die auch über solche Dinge schnell hinweggehen können. Die sagen: „Das Leben ist halt ungerecht, der hat eben Pech gehabt. Bei mir wird eines Tages auch Schluss sein." Und es gibt die anderen, die hyperspirituell damit umgehen und sagen: „Das ist doch nicht so tragisch, du lebst ja anderswo weiter." Wer den Verlust eines Menschen wiederum so leicht nehmen kann, der hat vermutlich nie eine tiefe Beziehung zu einem Menschen gehabt, nie wirkliches Interesse an jemandem gezeigt.

Nein, gesünder sind sicher die Menschen, die Schmerz und Verlust tief empfinden können. Und denen sage ich, dass da ein Gott ist, der mit ihnen in diesem Schmerz ist. Auch hier tröstet wieder die Aussage von Jesus: „Ich bin der Weg, die Wahrheit und das Leben". Auch diesen Weg des Schmerzes gehen Sie nicht allein! Manche erfahren auf ihm das Kreuz als Zeichen der Hoffnung. Denn mit dem Tod ist nicht alles aus – ganz im Gegenteil: das Beste kommt erst noch. Weder für Ihre Lieben noch für Sie muss der Tod das Ende sein. Lassen Sie sich von diesen guten Aussichten tief trösten!

Mein Ziel in diesem ersten Teil des Buches war es, Ihnen viele gute Gründe zu vermitteln, warum man auch heute noch glauben kann und sollte. Im nun folgenden zweiten Teil dieses Buches wollen wir uns der ganz praktischen Seite nähern: Glauben, wie geht das eigentlich?

Teil 2

Glauben, wie geht das?

Vertrauen

Viele Menschen wissen überhaupt nicht mehr, wie sie sich diesem Gott nähern können. Was ist der erste Schritt?

Es beginnt sehr schlicht: Glauben heißt zunächst einmal Vertrauen. Ohne ein gewisses kindliches Vertrauen darauf, dass da jemand ist, zu dem ich bete, geht es nicht. Die kindliche Haltung ist eigentlich eine der Demut. Zum Glauben gehört die Demut untrennbar dazu. Das ist heutzutage kein gebräuchliches Wort mehr. Demütig zu sein, das heißt auch, sich zurückzunehmen, und ich glaube, ein Macher wird sich damit sehr schwer tun. Ich frage mich immer: „Wie kann ich das den Führungspersonen verklickern, mit denen ich oft zu tun habe? Wird man da nicht als zu weich empfunden?"

Manchmal halte ich Vorträge vor hartgesottenen Managern aus der Wirtschaft oder bei handwerklichen Berufsverbänden, die zunächst mal nichts mit dem Glauben am Hut haben – eigentlich. Aber: Warum werde ich von diesen Leuten eingeladen? Irgendwie scheint es dann doch eine Sehnsucht nach mehr zu geben. Und außerdem gibt es auch in den Management-Etagen wirklich gläubige Menschen.

Einer davon war der 1989 ermordete Alfred Herrhausen, der sich aus seiner christlichen Motivation heraus auch für die Entschuldung der Länder eingesetzt hat. Oder der ehemalige UN-Generalsekretär Dag Hammarskjöld, ein tiefgläubiger Mensch, der seinen Glauben mit Verantwortung für die Menschen gelebt hat. Auch Norbert Walter von der Deutschen Bank ist ein überzeugter Christ, der in seiner örtlichen Gemeinde aktiv ist.

Es gibt viele Menschen, die sich von kindlichen ersten Glaubensschritten hin zu einer erwachsenen, verantwortlichen Beziehung zu Gott entwickelt haben. Das steht keineswegs in einem

Widerspruch zueinander, sondern sollte der ganz normale Weg eines jeden Christen sein. Aber mit dem Vertrauen fängt alles an.

Nehmen wir an, bei Ihnen ist der Wille zu diesem ersten Schritt vorhanden oder Sie sind ihn schon gegangen. Sie sind bereit, sich auf die Möglichkeit einzulassen, dass es da mehr geben könnte, als Sie bisher gedacht oder erfahren haben. Was jetzt?

Wenn Sie sich dem Glauben erstmals oder wieder neu zuwenden wollen, dann machen Sie bitte nicht den Fehler, den wir so oft in der Glaubensvermittlung machen:

Fangen Sie nicht an, den Katechismus zu lesen oder sonstwie Wissen über Gott anzuhäufen. Glaube ist erst einmal etwas ganz Persönliches zwischen Ihnen und Gott. Und erst wenn ich diese Verbindung habe, dann kann ich den Katechismus lesen, und zwar mit einem ganz anderen Blick.

Wie geht das, diese persönliche Verbindung zu Gott aufzunehmen?

Sich ganz neu öffnen

Oft haben wir Hemmungen, einfach so loszulegen und mit Gott ins Gespräch zu kommen. Ich glaube, das hängt damit zusammen, dass wir alle von irgendwoher Gottesvorstellungen mitbringen, die uns suspekt sind. Wenn jemand aus der Kirche ausgetreten ist, und irgendwann möchte er wieder eintreten, dann denkt er doch meist sofort an die Kirchensteuer, die er nun wieder zu zahlen hat. Dass einem das als Erstes einfällt, ist ein trauriger Beleg dafür, wie weit uns Fehlvorstellungen von Gott blockieren können. Viele Menschen haben ein Bild von Gott vermittelt bekommen, das bestenfalls langweilig ist, schlimmstenfalls einengt, einem jeden Spaß missgönnt oder sogar Angst macht. Solche verdrehten Gottesvorstellungen können uns völlig blockieren.

Oft geschieht hier viel Heilung durch die Begegnung mit glaubwürdigen Christen. Suchen Sie bewusst die Gemeinschaft von Gläubigen und schauen Sie, wer und was Ihnen an Gemeindeformen gefällt.

Vielleicht können Sie auf Glaubenserfahrungen aus Ihrer Kindheit oder Jugend zurückgreifen. Ein Kind hat einen einfachen Zugang zu Gott. Es vertraut im Normalfall der Mutter, es vertraut dem Vater. Wenn das gegeben ist, dann kann eine Mutter ganz leicht erklären: „Gott ist wirklich da, so wie der Papa und ich wirklich da sind." Und das leuchtet einem Kind ein. Von da aus kann es dann Schritt für Schritt weitergeführt werden, von den Eltern und später auch im Religionsunterricht. Das Erleben von Gottesdiensten und anderen Ereignissen in einer Gemeinschaft von Gläubigen kann helfen.

Meist geht der Glaube in der Pubertät erstmal flöten, vor allen Dingen, weil dann die Sexualität eine enorme Rolle spielt. Wenn man mit dem Eindruck aufgewachsen ist, Gott verbietet mir alles Schöne auf dieser Welt, kann das dazu führen, dass ein Jugendlicher sich von so einem Gott lieber fernhält. Deshalb wäre eine gute Sexualerziehung ebenso wichtig wie eine gute religiöse Erziehung. Eine Erziehung, in denen jungen Menschen vermittelt wird, dass Gott die Sexualität erdacht hat und gut findet – aber auch, dass das sexuelle Ausleben nicht das ganze Lebensglück ist. Die Aussage der sexuellen Aufklärung sieht aktuell ja eher so aus: „Tu alles, was dir gefällt, leb deine Triebe aus, wie es dir gerade kommt, und wir helfen dir dabei. Es gibt Mittel und Wege, dass du damit weder dir noch anderen schadest."

Ich wundere mich allerdings, wie viel Negatives trotzdem passiert. Und wir merken: das ist bei aller vermeintlichen Freiheit auch keine ganzheitlich gelebte Sexualität. Liebe ist mehr! Das geht natürlich ziemlich gegen den Strich der allgemeinen Bewegung des „individualisierten Wollens" und der Frage, wie ich mich verwirklichen kann mit all meinen Gefühlen, Trieben und Träumen.

Welche Erfahrungen Sie auch immer mitbringen mögen, Sie können sich jederzeit wieder auf den Weg des Vertrauens begeben, auch mit kleinen Schritten. Vielleicht ist es an der Zeit, mal wieder innezuhalten, sich zurückzulehnen und zu überlegen: „Was mache ich da eigentlich? Wo will ich hin? Kann das alles sein?"

Vom Segen des Sonntags

Was kann dabei helfen? Der Gottesdienstbesuch ist eine gute Gelegenheit für ein solches Innehalten und In-sich-hineinhorchen. Männer gehen ja prinzipiell viel weniger in die Kirche als Frauen, ihnen ist das oft suspekt. Aber dass der Glaube mir tiefen Halt geben kann, wird sich mir erst erschließen, wenn ich auf die Bremse meines Hamsterrades trete.

Ich bin ja sehr für den Sonntagsgottesdienst, wenn auch nicht unbedingt als Pflichtritual. Damit werden die Bedürfnisse der Leute zu wenig ernst genommen. Aber ich möchte zeigen, was das eigentlich für Chancen bietet, den Sonntag in der persönlichen Lebensgestaltung als festen Tag der Ruhe und Besinnung und des Feierns einzuplanen.

Dieser Sonntag kann ein Tag sein, an dem Sie sich aus allem rausziehen, an dem Sie nicht funktionieren müssen. Dass Gott das Einhalten eines Ruhetags sogar als eins der zehn Gebote festgesetzt hat, zeigt schon, wie wichtig er ist.

Oft ist der Sonntag der einzige Tag in der Woche ohne Termine; ein Tag, an dem man endlich einmal seine Ruhe hat, und dann erlebt man es eher als unangenehme Pflicht, an diesem Tag dann einen Gottesdienst besuchen zu „müssen". Suchen Sie sich in diesem Fall doch einfach andere Tage für den Kirchgang. In vielen Gemeinden gibt es auch unter der Woche Abendgottesdienste. Der Sonntag aber ist der Tag des Feierns, der Tag der Glaubensgemeinde.

Worauf ich hinaus will, ist, dass Sie vielleicht noch nicht Ihre ganz persönliche Form des „Feier"-Tags im wahrsten Wortsinn gefunden haben, die Ihnen Kraft und Ruhe gibt. Aber wenn Sie sich auf die Suche machen, werden Sie Formen finden, diesen Tag so zu leben, dass er zu einer engeren Beziehung zwischen Ihnen und Gott führt.

Eigene Erfahrungen – unbezahlbar

Letztlich geht es darum, eigene Erfahrungen zu sammeln. Und das geht auf vielerlei Art und Weise.

Die klösterlichen Traditionen, von denen ich bereits ein wenig berichtet habe, haben viel Gutes. Immer wieder Innehalten und Gebete im Laufe des Tages, Rituale, Gemeinschaft, Stille und Konzentration.

Wie kann das aber in Ihrem so ganz anderen Leben stattfinden?

Ich empfehle den Leuten immer: „Kommt doch mal zu uns und geht einfach ein Stück des Wegs mit." Ich kann noch so Schönes über die Krönungsmesse von Mozart hören – erst wenn ich sie selbst gehört habe, kann ich davon begeistert werden. Das gilt auch für andere Musik. Erst wenn ich sie wirklich verinnerlicht habe, kann ich sie auch anderen nahebringen.

Es ist immer wieder erstaunlich, wenn ich an unsere Schule in St. Ottilien gehe und mir das Symphonie-Orchester anschaue. Dass sich junge Menschen für ein so schwieriges Instrument wie die Geige begeistern und jahrelang geduldig üben, um sie zu beherrschen; das ist eine ernstzunehmende Angelegenheit! Doch wenn es einen richtig gepackt hat, ist einem nichts zu schwer.

Sprich: Machen Sie mit, fangen Sie einfach an! Sammeln Sie eigene Erfahrungen!

Fußballspielen lernt man auch nicht, indem man die Sportschau im Fernsehen schaut. Es hilft auch nur wenig, ein Buch darüber zu lesen. Wenn man die Faszination dieses Sports wirklich kennenlernen will, muss man sich irgendwann auf den Fußballplatz begeben, den grünen Rasen riechen und die Freude am Spiel spüren.

Auch das Lesen dieses Buches kann Ihnen nur eine Ahnung davon vermitteln, warum ich in diesen Gott, in diesen Glauben regelrecht verliebt bin, warum er mich trägt. In diesem Fall kann das Stadion eine Kirche sein, der Geruch des Rasens der Duft von Weihrauch und Kerzen, der gemeinsame Torjubel kann in einem schönen Gemeinschaftserlebnis liegen, wenn sie auf Menschen stoßen, die Sie verstehen. Und wenn Sie dann ihr erstes Tor schießen ... aber da wird Gott den ganz eigenen Weg mit Ihnen gehen.

Wann wird etwas einsichtig? Durch logische Schlussfolgerungen – so sind wir das gewohnt von unserem intellektuellen Zugang her. Wir meinen, alles muss eben logisch erklärt werden, und dann kann und muss man es annehmen. Das ist aber nur eine Möglichkeit. Das unschlagbarste Argument ist und bleibt die eigene Erfahrung. Es kommt eine andere Dimension herein, wenn jemand etwas selbst erlebt.

Ich schaue gerade aus dem Fenster meines Arbeitszimmers in Rom und sehe diese wunderbaren Farben, in denen die Abendsonne die benachbarten Gebäude erstrahlen lässt. Ich kann das noch so schön beschreiben, aber jemand, der nie in dieser Gegend war, wird es sich nicht ansatzweise vorstellen können. Nur wer es selbst sieht und erlebt, wird verstehen, was ich meine.

Hilfreiche Wegbegleiter

Es kann Ihnen also niemand das Selberglauben abnehmen. Gespräche mit gestandenen Christen können aber sehr wohl auf dem Weg weiterhelfen und viele Ihrer Fragen beantworten.

Anfangs wird Ihnen manches am Glauben fremd vorkommen. Jemand berichtete mir einmal von seinem Besuch auf der *documenta*, einer alle fünf Jahre stattfindenden Kunstausstellung. Selbst besaß er keinen großen Kunstverstand, traf dort aber eine sachverständige Bekannte. Er berichtete von einer Horizonterweiterung ohnegleichen. Fand er vorher beim Betrachten der ausgestellten Kunstwerke einige ganz nett, andere etwas seltsam, manche komplett unverständlich, änderte sich das schlagartig, als die Bekannte anfing, ihm die einzelnen Kunstwerke zu erklären. Er fing an, die Kunstwerke zu *verstehen*.

Genauso kann es beim Glauben sein. Sie müssen Ihre eigenen Erfahrungen machen, Ihren eigenen Weg gehen – aber es ist hilfreich, wenn Sie das nicht allein tun. Deshalb sehen Sie zu, dass Sie sich hilfreiche Wegbegleiter suchen. Schauen Sie sich die Leute genau an. Es muss nicht der Priester sein, der einem alles erklärt.

Wer gefällt Ihnen von der Art und Weise her, wie er oder sie auf Menschen zugeht? Wer beeindruckt Sie mit seiner Echtheit? Suchen Sie sich Menschen, die neugierig geblieben sind, die vielleicht auch nicht auf alles eine Antwort haben, aber sich in der Tiefe mit ihren Fragen auseinandersetzen. Und dann gehen Sie gemeinsam weiter auf diesem Weg, der letztlich zum Ziel führt.

Losgehen

Gemeinsam auf dem Weg: Manchmal bekommen Menschen eine Ahnung davon, welcher Gewinn in einem christlichen Leben liegen kann. Ich sehe den anderen nicht mehr als Konkurrenten, es gibt kein Oben und Unten, vielmehr schaue ich mit den liebenden Augen Gottes. Ich glaube, es würde sehr viel Aggressivität und sehr viel Unfrieden aus der Welt nehmen, wenn viele so denken und handeln würden.

Angstvoll zu Boden geduckt kann sich niemand erheben. Aber wie sehr blühen Menschen auf, wenn man ihnen mit Vertrauen und Liebe begegnet!

Ja, sich an diesem Zimmermannssohn aus Nazareth zu orientieren ist ein Weg! „Ich bin der Weg, die Wahrheit und das Leben", sagt Jesus (Johannes 14,6). Wir können von diesem Jesus etwas für unseren Weg lernen. Er hat ja auch mehrfach gesagt: „Folge mir nach!" Aber das hört sich wieder so unattraktiv an. Denn schließlich ist Jesus seinen Weg bis zur Selbstaufgabe ans Kreuz gegangen, und davor scheuen viele zurück, was ja durchaus verständlich ist. Sich wie Jesus „zu entäußern", das kann für uns heute bedeuten, wie Jesus für andere da zu sein und nicht nur um sich selbst zu kreisen. Jeden Menschen in seiner Gesamtheit anschauen, wie er ist – also so, wie Jesus es getan hat.

Wie kann ich jemandem erklären, was das heute heißt: „Folge mir nach"?

Einer Mutter brauche ich das gar nicht zu erklären. Wenn sie drei, vier Kinder großzieht, dann weiß sie, was das heißt. Sie denkt nicht mehr in erster Linie an sich selbst, sondern ist froh, wenn es den Kindern gut geht. Will ich mit ihr über die Liebe Gottes zu den Menschen reden, dann gibt es schon einen konkreten Anknüpfungspunkt, denn sie kennt und lebt ja bereits eine sehr selbstlose Form der Liebe zu ihren Kindern und zu ihrer Familie. Und genau das ist der Weg Gottes. Sie hat schon ganz viel von dem verstanden und umgesetzt, was Jesus lehrte.

Bei einem Geschäftsmann kann es ein bisschen anders aussehen, das ist nicht ganz so einfach. Er muss Gewinn machen, er muss auf seinen Vorteil achten, und mit Blick auf das Geschäft ist eine selbstlose Haltung sehr herausfordernd. Aber er hat ja noch sein Leben außerhalb des Berufs.

Ich habe übrigens gar nichts dagegen, wenn jemand viel Geld verdient – wenn er dabei die Fähigkeit behält, weiter zu denken als bis zu seinen Hobbys oder den Annehmlichkeiten seines Lebensstandards. Das soll er ruhig genießen, ich neide es keinem. Man kann mit Geld auch sehr viel Gutes tun. Wenn jemand aber meint, dass er das braucht, um glücklich zu sein, ist das etwas anderes. Grundsätzlich kann aber natürlich auch ein reicher Mensch den Weg Jesu gehen, indem er sich an dessen Verhalten orientiert.

Das Problem liegt etwas tiefer. Jemand, der so beschäftigt ist wie eine Geschäftsfrau oder ein selbstständiger Tischlermeister, hat es erst einmal schwerer, weil sie oder er in den 10 oder 12 Stunden am Tag in einem gewinnorientierten Unternehmen natürlich viel Energie verbraucht. Energie, die dann manchmal fehlt, um sich abends noch Zeit für Gott zu nehmen. Es ist doch nachvollziehbar, dass man nach so einem knallharten Tag einfach kaputt ist und nur noch die Füße hochlegen will. Jetzt geht dieser Gott hin und sagt: „Du arbeitest zu viel, und tief in dir spürst du selbst, dass da Zeit für dich fehlt, und auch Zeit für uns beide."

Aus vielen Gesprächen weiß ich, dass viele diesen Mangel immerhin noch wahrnehmen. Da stört etwas, tief in meinem Herzen. Ich will viel mehr Zeit für die wirklich wichtigen Dinge haben, möchte Sinn in meinem Leben spüren und die Gottesfrage für mich klären. Sich das einzugestehen und da dranzugehen ist schon mal ein guter Schritt.

Freiräume schaffen

Nehmen wir also an, Sie verspüren in sich ein Interesse, vielleicht sogar eine Sehnsucht danach, diesen Gott näher kennenzulernen. Genau wie in der Beziehung zu einem anderen Menschen liegt der erste Schritt auf der Hand: Man muss Zeit mit dieser Person verbringen, die man besser kennenlernen will. Und dafür gilt es nun also zunächst in Ihrem Leben Raum zu schaffen. Das bedeutet vielleicht, öfter „Nein" zu sagen: in der Firma, gegenüber den Erwartungen Dritter, auch gegenüber meinen eigenen Erwartungen.

Was will man nicht alles im Leben – erfolgreich sein, gut aussehen, fit bleiben, eine tolle Mutter, ein guter Vater sein, ein perfekter Ehemann, eine leidenschaftliche Liebhaberin, ein angesehener Geschäftsmann. Und genau dieser Wunsch, in allem perfekt sein zu wollen, führt in dieses atemlose Lebenstempo, das uns irgendwann buchstäblich den Atem raubt.

Hier können kleine Schritte die richtigen sein. Mit ihnen kann man spüren, ob das Leben wieder in Balance zu bringen ist. Wenn ein vielbeschäftigter Mensch zum Beispiel seinen Sonntag einhält, dann hat er bereits einen Pflock eingeschlagen, der ihm Halt gibt und Raum schafft, sich mit Gott zu beschäftigen.

Was hilft dabei, in diesem vollen Leben Gott nicht aus dem Blick zu verlieren? Es hilft nur eines, vom bereits erwähnten rechten Maß mal abgesehen: *Wir müssen akzeptieren, dass es die absolute Vollkommenheit, der wir in vielen Lebensbereichen hinterher hecheln, in der Welt nicht gibt.*

Auch wenn wir uns das wünschen, aus welchen Motiven heraus auch immer. Ich muss einfach damit zurande kommen, dass mir vieles nicht gelingt, dass ich manchmal Mist bauen werde, auch wenn ich mich noch so anstrenge. Strebe ich also das perfekte Leben, den höchsten Level in jedem Lebensbereich an, dann werde ich mich und vor allem auch andere Menschen ständig überfordern. Weder unsere Kinder noch unsere Partner, unsere Kollegen oder Mitarbeiter werden diesen Ansprüchen genügen können.

Mir hilft stets die Regel des Heiligen Benedikt. Dort heißt es: *„Der Abt sei nicht stürmisch, nicht ängstlich, nicht maßlos und nicht engstirnig, nicht eifersüchtig und allzu argwöhnisch, sonst kommt er nie zur Ruhe. In seinen Befehlen sei er vorausschauend und besonnen. Bei geistlichen wie bei weltlichen Aufträgen unterscheide er genau und halte Maß"* (Benediktsregel, Kapitel 64).

Glauben praktisch

Es sind gar keine besonderen Dinge, die man tun muss, um gottgefällig durch sein Leben zu gehen. Wie das genau aussehen kann, dieser Frage sollten wir unbedingt auf den Grund gehen. Die Bibel, dieses wunderbare Buch praktischer Lebensführung, sagt beispielsweise:

Herr, wer darf Gast sein in deinem Zelt, wer darf weilen auf deinem heiligen Berg? Der makellos lebt und das Rechte tut; der von Herzen die Wahrheit sagt und mit seiner Zunge nicht verleumdet; der seinem Freund nichts Böses antut und seinen Nächsten nicht schmäht; der den Verworfenen verachtet, doch alle, die den Herrn fürchten, in Ehren hält; der sein Versprechen nicht ändert, das er seinem Nächsten geschworen hat; der sein Geld nicht auf Wucher ausleiht und nicht zum Nachteil des Schuldlosen Bestechung annimmt. Wer sich danach richtet, der wird niemals wanken (Psalm 15,1).

Da ist nicht die Rede von frommen Bußübungen, überhaupt nicht. Der Weg beginnt damit, wie ich mit anderen Menschen umgehe. In den Psalmen geht es immer wieder um die Gesetze

Gottes, die zu halten sind, zum Beispiel in Psalm 119. Darin kommt immer wieder gerechtes Handeln sowie die Sorge um die Witwen, die Armen, die Alten und die Fremden vor. Der Grundtenor dieses Psalms lautet: Die Gesetze Gottes sind eine Leuchte auf unserem Weg, sie geben Orientierung.

Deshalb möchte ich Ihnen den Druck nehmen, wenn Sie an fehlenden Gelegenheiten zum Gebet oder zum Gang in die Kirche verzweifeln. Vielleicht fehlt Ihnen auch der Mut zum Beten, weil Sie es schon lange nicht mehr getan haben.

Es muss nicht jeder ins Kloster eintreten. Fangen Sie einfach an, Ihren Weg mit Gott zu gehen. Mitten im Alltag. Mit einem kleinen Stoßgebet. Im liebevollen Sorgen für andere Menschen. Das wird nicht immer einfach sein; es gibt nur selten Wege ohne Schlaglöcher in unbekanntem Gelände. Dieser Weg mit Gott fordert mich deshalb heraus, weil er unter Umständen mein Selbstverständnis berührt. Das, was ich mir in meinem Leben aufgebaut habe. Sie werden auf Widerstand stoßen, wenn Sie sich beispielsweise vor Ihren Chef hinstellen und ihm freundlich, aber klar sagen, wo Ihre Grenze ist. Das provoziert Widerspruch. „Dieser Weg wird kein leichter sein", singt Xavier Naidoo. Aber keiner von uns geht seinen Weg allein.

Gott geht mit uns

Das gilt übrigens auch für die Kirche. Wenn wir wieder mal alle am Verzweifeln sind, lasst doch den Herrgott auch ein bisschen arbeiten! Natürlich sind auch wir gefordert, unseren Teil zum Gelingen beizutragen. Beispielsweise wird momentan versucht, mit einem veränderten Pastoralmodell wieder alles auf Vordermann zu bringen. Aber viele in der Kirche vertrauen zu wenig auf den Geist und die Gläubigen.

Ich bin überzeugt, dass hinter der Entdeckung der Missbrauchsfälle – wohlgemerkt nicht hinter der Misere der Missbrauchsfälle selbst, sondern hinter ihrem Bekanntwerden! – der Geist Gottes steckt, damit sich seine Kirche reinigen kann. Es ist doch höchste Zeit, dass das alles ans Licht kommt und endlich aufgearbeitet werden kann! Ich bin überzeugt, dass auch in unserer Zeit der Geist enorm arbeitet und vieles umkrempelt.

Entwicklung passiert weniger durch uns, sondern vielmehr durch den Geist Gottes.

Das nimmt mir und uns allen den Druck, alles selbst machen zu müssen. Das Schöne ist: Wir dürfen den Faktor Gott für möglich halten – und dieses Eingreifen Gottes gehört zu den tiefsten Erfahrungen des christlichen Glaubens. Auch wenn mir die ganze Welt sagt: „Du spinnst!"

Ich bin sicher: Wir gehen keinen Weg allein.

Beten

Die erste und vielleicht auch innigste Form, eine persönliche Beziehung zwischen Gott und mir zu leben, liegt im Gebet. Menschen sprechen miteinander; das ist eine Grundform von Beziehung. Genauso läuft das mit Gott.

Beten fällt vielen Menschen heute schwer. Wie fängt man das an, was sagt man? Man muss diese erste Scheu vor dem Gebet überwinden. Zunächst möchte ich Ihnen sagen, dass Sie keine bestimmten Formen einhalten müssen. Vorformulierte Gebete sind gut, wenn mir selbst einmal die Worte fehlen. Deshalb können sie sich auch zum Einstieg eignen. Aber grundsätzlich können Sie mit Gott reden wie mit jedem Menschen, oder besser, wie mit einem sehr guten Freund oder einer Freundin. Sie müssen sich nicht vorher genau überlegen, was Sie sagen.

Es gibt hochreflektierte Gebete, aber auch die sind eine Reaktion auf eine Situation, in der ich gerade stecke. Es gibt enge, egoistische Gebete um das persönliche Glück. Manchmal reichen Zeit und Kraft nur für einen kurzen innerlichen Hilferuf. Und es gibt die heiligen Momente, bei denen man spürt, dass Gott antwortet und der Horizont meines Lebens sich weitet.

Viele Leute sagen: „Ich kann doch nicht einfach so beten, ich kenne keine Gebete." Muss man auch überhaupt nicht. Reden Sie einfach mit diesem Gott, fangen Sie an, wie es Ihnen gerade kommt. Reden Sie mit ihm über all das, was Sie gerade bewegt. Nicht nur die persönliche Not, Ihre Bitten und Anliegen, auch das Schöne darf vorkommen: Dankbarkeit und Freude.

Oft sagen wir ja so gedankenlos dahin: „Mein Gott" – wie wäre es, wenn Sie das einmal ganz bewusst in seine Richtung sagen, zum Beispiel, wenn Ihnen etwas gefällt: „Herrgott, ist das schön!" Manchmal ist man abends so erledigt, da reicht es gerade noch zu einem Stoßgebet, selbst bei disziplinierten Menschen. Fangen Sie trotzdem an, abends bewusst auf den Tag zurückzuschauen. Sie werden im Rückblick überraschend viel Schönes erkennen, was sonst unbemerkt in der Erinnerung verschwindet.

Ein Bekannter erzählte mir, dass das immer eine große Dankbarkeit in ihm hervorruft, und er ergänzte: „Da verändert sich mein Leben." Ein Tagesrückblick im Gebet kann in der Tat zu einem Gefühl der Dankbarkeit führen, und mit dieser Grundmelodie wertet man das eigene Leben, die eigene Zufriedenheit ganz stark auf. Das macht leicht – und wir wollen doch fliegen!

Ich würde nicht nur sagen, Danken ist wichtig. Danken ist ein Grundelement, eine Grundhaltung, um sich überhaupt selbst wahrnehmen zu können. Und das schließt meine Wirklichkeit, meine Sorgen, nicht aus. Aber neben das gängige Beten in der Not das Dankgebet zu stellen wird mir sehr gut tun.

Wie in zwischenmenschlichen Beziehungen auch wird die Verbindung zu Gott immer enger, je mehr wir uns mit ihm beschäftigen und mit ihm reden. Man bekommt mit der Zeit ein immer besseres Gefühl dafür, die Hand Gottes im Alltag zu sehen.

Es gibt ja diese fast schon abgedroschene Geschichte mit den „Fußspuren im Sand". Da schaut ein Mensch auf sein Leben zurück und stellt fest, dass er immer zwei Fußspuren nebeneinander im Sand sieht. Die zweite Spur ist die von Jesus, der immer bei ihm war. Nur an einer Stelle kann der Mensch nur eine einzelne Fußspur erkennen, und das war ausgerechnet zu einer ganz schwierigen Zeit in seinem Leben. Er fragt Jesus: „Warum hast du mich in dieser schweren Phase alleingelassen?" Und Jesus sagt: „Du siehst dort nur eine Fußspur, weil ich dich auf dieser Wegstrecke getragen habe!"

Diese Nähe, dieses Getragensein bemerkt man nur, wenn man gelernt hat, die leise Stimme Gottes und seine Anwesenheit wahrzunehmen. Das kann und muss man üben, wie jede andere Fertigkeit auch.

Ich möchte Ihnen Mut machen, viel öfter als bisher mit diesem Freund zu reden, wann immer Sie wollen oder es Ihnen möglich ist. Das geht an der roten Ampel, im Wartezimmer beim Arzt, in der Schlange an der Supermarktkasse, vor dem Essen, natürlich auch ausführlicher in einer ruhigen Minute.

Den Tag mit Gott beginnen und beenden

In meinem mönchischen Leben erfahre ich zusätzlich die wohltuende Wirkung eines festen Rahmens. Wir haben im Kloster mehrere feste Gebetszeiten am Tag. Vielleicht hilft Ihnen ja auch so ein gewisser Rhythmus, zum Beispiel die Entscheidung, den Tag am Morgen mit Gott zu beginnen und ihn abends mit ihm abzuschließen. Man geht dann ganz anders in einen Tag hinein und auch wieder hinaus. Und Ihrem Schlaf wird das auch gut tun.

Das morgendliche Gebet hat den Vorteil, dass ich schon beim Aufstehen ein Ziel habe: Ich rede mit jemandem. Ich bin zwar eigentlich ein Morgenmuffel, aber letzten Endes komme ich so schon am Morgen heraus aus mir, aus meinem kleinen Kreis, in einen größeren Zusammenhang. Wir haben das früher im Kloster immer so gemacht: Wenn wir im Schlafsaal geweckt wurden, sang der Schlafsaal-Senior in lateinischer Sprache: „Benedicamus Domino – lasst uns Gott lobpreisen." Und alle haben geantwortet: „Deo gratias. Laudetur in aeternum. Amen – Dank sei Gott. Er sei gepriesen in Ewigkeit. Amen."

Diese Tradition vollziehe ich auch heute noch jeden Morgen für mich, egal, wo ich bin. Das hat einfach den Vorteil, dass ich gleich beim Aufstehen schon einen Gedanken in meinen schläfrigen Kopf bekomme, der über mich und meine Befindlichkeit hinausgeht. Der meine Sorgen und Vorhaben relativiert und mich daran erinnert: „Du bist nicht nur in den Aufgaben des Alltags gefangen, da steht etwas Größeres über allem."

Im Gegensatz zu manch einer heute modernen Meditationsveranstaltung geht es dabei also gerade nicht darum, sich zu fragen: „Ja, wie geht es mir denn, wie habe ich geschlafen, wie fühle ich mich heute?" Ich kann über meine Befindlichkeit hinaussteigen und sie relativieren. Selbstverständlich geht es mir nicht an allen Tagen gleich gut beim Aufstehen, aber ist das denn wirklich so wichtig?

Wenn ich eine Nacht nicht gut geschlafen habe, dann ist nicht mehr passiert, als dass ich eben mal eine Nacht nicht gut geschlafen habe. Das gehört zum menschlichen Leben, und auch hier entspannt diese Relativierung meiner Ansprüche ungemein. Es muss nicht immer alles zu jedem Zeitpunkt super sein.

Wenn ich mich auf den Tag ausrichte, kann mir dieser Blick nach oben sehr helfen. Natürlich möchte ich effektiv arbeiten, meine Aufgaben gut erledigen, meine Projekte vorantreiben, etwas erreichen. Aber machen wir aus unserer Arbeit doch keinen Götzen. Mit dieser morgendlichen Ausrichtung auf Gott werde ich den Tag anders leben; meinen Alltag, aber auch die Tage, an denen besonders wichtige Präsentationen, Gespräche oder Seelsorgetermine auf mich warten.

Ich gehe in alle Gespräche oder anderen wichtigen Angelegenheiten mit einem kurzen Gebet. „Gott, lass mich das Rechte zu sagen oder zu tun finden, und gib mir deinen Geist." Und das schafft einfach – ohne absolute Garantie, denn vielleicht möchte Gott etwas anderes als das, was ich will – eine andere Atmosphäre. Es bereitet mich anders vor, ich relativiere das Ganze, befreie mich ein Stück weit auch von meinen eigenen Intentionen und Interessen. Damit wird es wirklich, wahr und wahrhaftig. Ja, ich halte das Wirken Gottes in solchen Alltagsdingen für möglich. Das entlastet mich gerade in schwierigen Gesprächen, denn ich bin kein ausgebildeter Therapeut und stoße immer wieder an Grenzen. Dann vertraue ich darauf, dass Gott sich um diese Grenzen kümmert und sie überwindet. In seelsorgerlichen Gesprächen kann ich noch so perfekt geschult sein. Aber dass der andere sich wirklich öffnet, das ist eine Chance und eine Gnade, die ich nicht durch Fachkompetenz erzwingen kann.

Der Geschäftsführer einer Firma berichtete mir einmal, dass seine Sekretärin manchmal betet, wenn er schwierige Gespräche oder wichtige Verhandlungen zu führen hat. Er empfand es als großes Glück, in einer solchen Atmosphäre arbeiten zu dürfen. Dass jemand weiß, er hat da eine schwierige Situation zu bewältigen, und ihn unterstützt. Vor allem geht es dabei nie darum, die eigenen Interessen durchzusetzen. Nein, dafür wird nicht gebetet. Es geht darum, dass in einer Situation der Wille Gottes geschieht. Dass Gott dabei ist und Lösungswege aufzeigt oder Riegel vorschiebt. Das Ziel ist nicht, dass sich der eine oder andere durchsetzt, sondern dass dieses Gespräch geleitet wird. Das hat mich tief beeindruckt. Dahinter steckt viel Vertrauen in Gottes Führung.

Da entsteht eine Zweckfreiheit, in der nicht alle und alles unter Druck stehen. Ein bisschen so, wie wenn mich die Leute fragen: „Wozu sind denn die Benediktiner eigentlich da?" Da sage ich immer: „Zu gar nichts – außer zu leben und das Gotteslob zu singen." Und manchmal füge ich hinzu: „Eben deshalb sind wir offen für alle möglichen Arbeiten. Wir sind aber nicht zu einem bestimmten Zweck gegründet worden."

In der genannten Firma gibt es jede Woche eine kurze, viertelstündige Andacht, auch eine Gebetsgruppe. Das ist dort Arbeitszeit, und man denkt: Oh, das sorgt doch für Überstunden. Doch diese Zeit ist ein unschätzbarer Bestandteil einer ganzheitlichen Unternehmenskultur. Das kann man nicht in Produktivität, sondern nur in Zugewandtheit, Aufmerksamkeit und Verbundenheit messen.

Es gibt eine Bewegung in Chile, die haben drei große Schulen. Dort wird täglich die *Lectio divina* gehalten. Man betet die Lesung mit den Schülern und den Lehrern. Mittags kommen alle zusammen und reden miteinander. Am Abend wird über Texte der Heiligen Schrift gesprochen, bevor dann alle nach Hause gehen. In England ist das jetzt von einer Schule übernommen worden. Ich muss mich noch einmal genau erkundigen, wie sie das machen. Aber von einem bin ich überzeugt: Dort wird eine ganz andere Atmosphäre in den Schulen geschaffen, als sie heute üblich ist. Dort sehen die Lehrer die Schüler mit anderen Augen und umgekehrt. Da geht es für Lehrer nicht mehr nur noch darum, sich gegenüber den Schülern und ihren Kollegen durchzusetzen.

Bekommen Sie eine Ahnung davon, wie sich das Lebensgefühl in Firmen und Schulen verändern würde, wenn wir mehr Menschen hätten, die so etwas glaubhaft und unaufgeregt anfangen könnten? Dann entwickelt sich die ganze Kraft eines aus dem Glauben gelebten Miteinanders. Das würde unsere Gesellschaft revolutionieren!

Wir müssen uns nicht auf ein Morgen- und Abendgebet beschränken. Wir dürfen uns aber auch nicht überfordern. Ein kurzes Gebet zwischendurch ist wunderbar. Man muss nicht überlegen: „Oh, ich brauche dazu aber eine Viertelstunde. Und eigentlich sollte ich noch …"

Es geht um eine lebendige Beziehung, nicht um das Erfüllen eines Pflichtenhefts. Wir müssen nicht beten, wir dürfen beten. Das Gebet soll uns nicht „drücken", sondern frei werden lassen.

Früher war es ganz normal, mitten im Alltag zu beten. Man betete „den Engel des Herrn" dreimal pro Tag. Ein kurzes Gebet, ein kurzer Blick auf Gott, der uns erlöst hat, und weiter ging es.

Es war gang und gäbe, dass mittags um 12:00 Uhr die Kirchen-
glocken läuteten und der Bauer auf dem Feld betete.

Ich kenne einen sehr beschäftigten Mönch, der einmal gefragt
wurde, wie er sein Tagespensum denn überhaupt schaffen könne,
vor allem, da er durch die ganzen Gebetszeiten ja immer wieder
herausgerissen würde. „Ich schaffe das, *weil* ich diese Auszeiten
habe. Sie helfen mir, in den Arbeitsphasen sehr konzentriert zu
sein, sie helfen mir aber auch, mich nicht von der Arbeit vereinnahmen zu lassen", so seine Antwort.

Wenn ich also an einem Vormittag ganz dicht gedrängt ge-
arbeitet habe und dann mittags zum Gebet innehalte, dann spüre
ich etwas wie Erlösung. Wie läuft es denn sonst? Wir fangen früh
an und hecheln los. Sind irgendwann halb erschöpft, essen etwas,
trinken Unmengen von Kaffee – und weiter geht es. Wie wohltuend da ein anderer Rhythmus sein kann, der mich ganzheitlich
in den Blick nimmt!

Hat geistliches Leben also etwas mit Rhythmus zu tun? Ja.
Letztlich ist es gut, einen gewissen Rhythmus in das Gebetsleben
und das Leben mit Gott zu bringen. Eine ausgeglichene Abfolge
von Gebet, Arbeit und Studium, also eine Umsetzung des benediktinischen „ora et labora et lege".

Den eigenen Rhythmus finden

„Ora et labora et lege" – dieser Rhythmus bringt mich norma-
lerweise schon auf Abstand zu dem, was ich tue. Das Gebet hält
einen letzten Endes in der Realität. Die Arbeit ist dann nicht das
Einzige, was wichtig ist. Sie bleibt wichtig, aber sie wird relativiert
und bekommt ihren angemessenen Stellenwert zurück. Und das
Lesen guter Bücher und der Bibel bringt Inspiration und Richtung.

Rein psychologisch gesehen lässt mich dieser Rhythmus die Dinge neu sehen. Ich verankere mich wieder geistlich in meinem Dasein, mache mir klar, wo ich eigentlich herkomme und was meine innere Existenz ausmacht. Das schafft Ruhe und Sicherheit. Da ist der Gott, von dem ich stamme und mit dem ich meinen Weg gehe.

Viele Menschen sind so beschäftigt und meinen, dass Gebet nur etwas sei, zu dem man greift, wenn man in Not ist. Gebet ist aber das tägliche, normale Gespräch mit Gott.

Manche sagen auch, Gebet bedeute, bei Gott zu verweilen. Aber ich verweile nicht nur ab und zu bei ihm, sondern ich bin überhaupt mit Gott. Früher wurde das mancherorts sehr „brutal" verdeutlicht. Es gab italienische Klöster, wo im Bad und auf der Toilette geschrieben stand: „Gott sieht dich."

So ist es. Gott sieht dich in jeder Situation – in denen, wo du glänzt, und auch in alledem, was du sonst gern vor anderen verbirgst –, nicht, um dich zu kontrollieren, sondern um dich zu stützen. Gott ist einfach immer bei mir, und das schafft wieder das Grundvertrauen, das ein Kind hat, wenn die Mutter da ist.

Woran ja viele verzweifeln, die diese Sehnsucht nach Ruhe in sich spüren und gern mehr Distanz zur Arbeit hätten, ist dieses so ungesunde Gefühl, nie mit der Arbeit fertig zu werden. Das ist ein Dilemma, das ich auch kenne. Mir hilft dieses „in touch" bleiben mit Gott. Wenn ich über den Tag verteilt immer wieder bei Gott Atem schöpfe, ist das für mich die Kunst, mich in meinem Tun immer wieder zu verankern. Und das schenkt mir die nötige Ruhe.

Keine Zeit?

„Ora et labora et lege" – bete, arbeite und lese. Das klingt doch eigentlich ganz einleuchtend. Aber es reizt auch zum Widerspruch. „Dafür habe ich keine Zeit", höre ich viele rufen. „Leerlaufzeiten?", werden die meisten sagen: „Die habe ich nicht." Schauen wir doch einmal genauer hin, womit wir unsere Zeit verbringen, womit wir uns füllen.

Das Lesen wird heutzutage ja vielfach ersetzt durch das Fernsehen. Mir fällt das immer wieder bei Kindern und Jugendlichen auf. Wenn aber im Urlaub kein Fernseher und kein PC vorhanden ist, dann ist es faszinierend, womit Kinder sich alternativ beschäftigen und wie viel Freude sie daran haben.

In unserem früheren Studienkolleg in Dillingen haben unsere Präfekten genau auf Fernsehdisziplin geachtet und festgestellt: Wenn die Kinder am Wochenende zu Hause waren, haben sie viel mehr Fernsehen konsumiert als in der ganzen Woche. Das haben die Präfekten den Eltern mitgeteilt. Und ein Vater meinte ganz ehrlich: „Was sollen wir denn sonst mit den Kindern machen?"

Bedenklich, wenn das ein Vater sagt! Es ist oft die eigene Bequemlichkeit. Kinder sind doch wunderbar zu beschäftigen. Doch oft werden sie einfach abgespeist. Als Baby gibt es den Schnuller, der vom Computer ersetzt wird, wenn sie älter werden.

Aber sind wir mal ehrlich, mit uns Erwachsenen ist es doch ähnlich. Ich wundere mich jedes Mal, wenn ich höre, wie viel Zeit der Durchschnittsdeutsche vor dem Fernseher verbringt. Abgesehen von psychischen Spätschäden entstehen durch solche Dinge unendliche Leerzeiten. Man muss sich beim Thema Fernsehen auch fragen, was es einem überhaupt bringt. Die Bilder erschlagen die Information, substanziell ist vieles da ja nicht mehr.

Oft ist es doch so: Wenn man im Urlaub mal nicht die Tagesschau guckt und ohne große Informationen aus der Heimat lebt, wundert man sich manchmal, dass die Welt sich trotzdem weitergedreht hat. Und wenn man anschließend zu Hause die gesammelten Zeitungen der drei Urlaubswochen durchblättert, stellt man oft fest, dass man nichts verpasst hat – vielmehr sind viele kleinliche Debatten im Bundestag dankenswerterweise an einem vorübergegangen.

Manchmal möchte man auch einfach nur entspannen, und vielen hilft dabei am Sonntagabend der „Tatort". Dagegen ist nichts einzuwenden, aber ich bin sicher, es gibt Möglichkeiten, für schönere Bilder im Kopf zu sorgen.

Das geht am besten mit einem Ritual zum Tagesabschluss. Ich persönlich mag die Komplet, das Nachtgebet der Kirche sehr (die finden Sie im „Gotteslob"), denn da sind wunderbare Gebete enthalten, die einem wirklich helfen, zur Ruhe zu kommen.

Kontemplation

Hilfreich für mich ist auch das absichtslose Verweilen vor Gott in der Kontemplation. Ich lasse mich von meinem Gott bewusst anschauen. Das kann eine starke Erfahrung sein. Das ist auch bei den Psalmen-Gebeten ganz wunderbar. Wenn ich mir einen Psalm vergegenwärtige, ist er für mich wie ein Gedicht. Ich weiß schon, was drin steht, aber in meinem Inneren tut sich nun ein Bild oder eine ganze Bilderreihe auf. Ähnlich wie beim Rosenkranzgebet. Ich habe auf meinen langen Autofahrten eine Kassette mit allen drei klassischen Rosenkränzen dabei, die ich manchmal mehrfach durchhöre. Dadurch wird mir eine tiefe Ruhe geschenkt. Dieses „Im Gebet vor Gott sein" ist eigentlich Kontemplation.

Das ist etwas, was sich ereignet. Das kann ich nicht herbeizaubern. Auch ein guter Zen-Mönch weiß, dass er die Erleuchtung nicht bewirken kann, er kann sich nur bereit machen und hoffen, dass sie irgendwann kommt. Das kann auf der Toilette passieren, bei allen möglichen Gelegenheiten, auch in sehr „unfrommen" Situationen.

Zu diesen vielfältigen Erfahrungsmöglichkeiten könnte ich ein weiteres Buch schreiben. Hier möchte ich Sie jetzt nur dafür sensibilisieren, dass es viel mehr Möglichkeiten gibt, als Sie vielleicht denken, um mit Gott in Kontakt zu kommen.

Natürlich kann man Gottes Gegenwart nicht auf Knopfdruck anstellen. Sie wird uns geschenkt. Das ist Gnade.

Wenn Sie Sehnsucht nach Gott in sich spüren, möchte ich Sie ermutigen, sich ganz neu darauf einzulassen, vielleicht einmal ein paar Tage in ein Kloster zu gehen, und unbedingt mit Menschen zu sprechen, die sich auf einem ähnlichen Weg befinden und gern von ihren Erfahrungen berichten. Erfahrungen tiefster Ruhe, tiefsten Friedens, tiefster Nähe.

Die Möglichkeiten, mit Gott ins Gespräch zu kommen, sind so vielfältig wie menschliche Gespräche auch. Das Wichtigste dabei ist, dass Sie zuerst einmal einfach anfangen.

Bibellesen

Schöne Bilder im Kopf kommen mir immer wieder beim Lesen. Ich habe dieser Tage so einen richtig dicken Schmöker über die Abtei von Cluny gelesen. Unglaublich spannend. Das gibt Inspiration und lässt mich reflektieren, wie andere Äbte ihren Job gemacht haben. Vielen „Lichtgestalten" nimmt es den polierten Glanz weg. Ich lese sehr gern Historisches.

Mir gefallen aber auch Bücher mit viel Praxisbezug, und so möchte ich auch meine Bücher schreiben. Ich bekomme viel positive Resonanz auf mein Buch „Gönn dir Zeit", eben weil es so praktisch ist.

Menschen haben in verschiedenen Lebensphasen unterschiedliche Leseinteressen. Viele Jugendliche lesen heute Harry Potter. Sollen sie das doch, damit sie überhaupt ans Lesen kommen. Der Krimi im Urlaub ist etwas Schönes. Ich sehe auch erstaunlich viele Leute in Fliegern lesen. Mir erschließt sich das Gejammer um unsere angeblich verlorene Lesekultur nicht ganz. Viele Menschen lesen diese dicken Schinken von Stephen King und anderen. Da wundere ich mich immer und kriege einen Schrecken, wenn ich so dicke Bücher sehe. Es gibt ja viele gute Romane, die sind auch anregend. Auch historische Romanbiografien sind eine spannende Sache, die sich zum Beispiel eine Gestalt wie Napoleon vornehmen oder einen Friedrich Barbarossa, große historische Persönlichkeiten also.

Aus dem Ordensleben kenne ich es so, dass das Lesen einfach der geistlichen Erbauung dient. Dass ich mich mit etwas Gutem fülle, was mir Anregung für ein gelingendes Leben gibt. Ein bisschen wie gesunde Nahrung.

Die faszinierendste Lektüre für mich ist und bleibt aber die Bibel. Nicht umsonst wird sie ja auch das „Buch der Bücher" genannt.

Beim Bibellesen ist es sehr hilfreich, Kommentare dabei zu haben. Man kann natürlich auch einfach so einsteigen und loslesen, aber es kommen erfahrungsgemäß viele Fragen auf, wenn man das Alte Testament liest. Ich selbst nehme mir auch immer einen Kommentar dazu, wenn ich in der Bibel lese, um besser zu verstehen, woher das Geschriebene kommt, wie das kulturelle Umfeld war und was damals üblich war.

Im Neuen Testament mögen viele am liebsten das Johannes-Evangelium. Es ist sicher als Einstieg am besten geeignet. Man kann aber auch das Neue Testament einfach der Reihe nach durchlesen. Auch wenn uns da vieles verständlicher ist als im Alten Testament, lese ich auch das Neue Testament mit Kommentar.

Nehmen wir zum Beispiel die Bergpredigt. Wie hat Lukas diese zentrale Rede aufgeschrieben, wie schildert sie Matthäus? Was können mir zwei unterschiedliche Versionen sagen?

Meine Lesezeit ist mittags, wenn ich von einer kurzen Siesta aufstehe. Ich lese nicht lange in der Bibel, aber immer ein paar Sätze, immer weiter im Text. Natürlich stößt man manchmal auf Passagen, die irritieren und einen fragend zurück lassen: Aussagen zur Rolle der Frau oder zur Homosexualität beispielsweise. Wie kann man damit umgehen?

Deshalb ist es ja so wichtig, wenn ich mir mit Hilfe eines Kommentars klarmache, dass das Beschriebene immer in einem historischen Kontext festgehalten worden ist. Ich kann so eine Aussage nicht aus dem Kontext herauslösen, in dem sie entstanden ist, wenn ich sie richtig verstehen will. Reine Buchstabentreue allein reicht nicht. Vielmehr müssen wir uns klarmachen, welche Botschaft Jesu bei den Menschen seiner Zeit angekommen ist. Was haben sie daran als wichtig empfunden?

Wenn ich solche Texte wirklich verstehen will, brauche ich Hilfe in Form von Erklärungen von jemandem, der sich intensiv mit dieser Zeit und ihren Sitten und Gebräuchen befasst und diese studiert hat. Genau das leistet ein Kommentar. Nehmen wir die Hochzeit von Kana (Johannes 2). Zum Verständnis dieser Geschichte ist es gut zu wissen, wie solch eine Hochzeit im Orient abgelaufen ist. Es ging hier um 600 Liter Wein! Und um zu kapieren, was Jesus eigentlich wollte, kann mich ein Kommenta(-to)r weiterführen. Es stecken oft verschiedene Dimensionen in diesen Texten, sie sind nicht nur historische Berichte über das, was abgelaufen ist, sondern sie enthalten zusätzlich viele Informationen darüber, wie dieser Jesus war, was er wollte und was der Evangelist seinen Gemeinden durch seinen Bericht darüber sagen wollte.

Nahrung, die wirklich satt macht

Gerade an den Wundergeschichten scheiden sich die Geister. Mir ist fast egal, ob sie alle wahr sind oder nicht, das kann meinen Glauben nicht beeinflussen. Ich halte es für möglich, ich traue es Gott zu, diese Verwandlung von Wasser in Wein. Das Entscheidende an Wundergeschichten ist ja nicht das Wunder als solches, das die Leute auch zu manch fragwürdiger „Wundersucht" treibt. Es geht um das Zeichen hinter dem Wunder. Wenn Jesus einem Blinden die Augen öffnet, dann ist es egal, ob das ein medizinisches Wunder war oder ob ein Mensch psychisch befreit wurde und dadurch wieder sehen kann. Er soll wieder die Wahrheit des Lebens, die Schönheit der Schöpfung und das Gute wahrnehmen.

Nehmen wir die wundersame Speisung der Fünftausend (Matthäus 14,13–21) – warum sollte das nicht möglich gewesen sein? Es gibt so viele Dinge, die wir nicht verstehen. Wie erklären wir Phänomene wie Telepathie? Man denkt an jemanden, und prompt kommt eine E-Mail oder ein Anruf von der Person, völlig unvermittelt. Worauf ich hinaus will: Wenn wir uns etwas nicht erklären können, bedeutet das nicht, dass es das nicht geben kann.

Letztlich ist es doch so, dass ich nicht alles wissen muss. Bei dem Speisungswunder – es wird in der Bibel ja zwei-, dreimal berichtet – scheint es tatsächlich so gewesen zu sein, dass einfach die Leute etwas zu essen bekommen haben, und keiner hat wirklich gemerkt, wie das genau lief. Es wird geschildert, dass die Jünger das Essen ausgeteilt haben, aber nicht im Detail. Es geht dem Bericht nicht um das eigentlich Wunderhafte, sondern um die Aussage dahinter:

Wer zu Jesus Christus kommt, erhält etwas, was ihn nährt und satt macht, und das in einem Maß, dass sogar noch etwas übrig bleibt.

Ein weiterer Ansatz, diese Geschichte zu verstehen, liegt im Gemeinschaftserlebnis, was manche Menschen aber eher enttäuscht. Dieser Ansatz besagt: Als die Jünger anfingen auszuteilen, kramten alle Menschen ihre letzten Essensreste zusammen und teilten die auch. So etwas kann in Gemeinschaft geschehen. Das ist auch schön, mir aber zu klein. Weil ich es für möglich halten will, dass dieser Gott Wunder tut, auch wenn man vieles letztendlich tiefenpsychologisch sehen und im übertragenen Sinne verstehen kann.

Die Botschaft ist: Vor Gott und von Gott wirst du satt. Die Bibel will nicht nur Geschichten erzählen und Ereignisse festhalten. Sie will den tiefsten Durst stillen, den ein Mensch haben kann. Darum geht es.

Es ist ganz sicher, bei diesen Wundern müssen staunenswerte Dinge passiert sein, denn damit wurde auch das Besondere an Jesus sichtbar und greifbar. Trotzdem war er kein Wunderheiler. Es ging ihm niemals darum, einfach nur möglichst viele Wunder zu wirken. Jedes Wunder hat eine eigene Aussagekraft. Wenn er zum Beispiel zu dem Mann, den seine Freunde durch das Dach heruntergelassen haben, als Erstes sagt: „Deine Sünden sind dir vergeben", waren seine Freunde vielleicht im ersten Moment enttäuscht. Und dann sagt er: „Als Zeichen dafür, dass deine Sünden geheilt sind, steh auf, nimmt dein Bett und geh nach Hause" (Matthäus 9,1–8).

Vielleicht komme ich zu Gott und sage: „Bitte löse doch mein drängendes Problem." Gott tut in meinen Augen aber nichts, und ich dränge und dränge und dränge. Vielleicht muss ich dann erkennen, dass in den Augen Gottes etwas anderes für mich dran ist. Vielleicht ist die Erfüllung meines Wunsches nicht das Entscheidende, sondern dass ich lerne, demütig zu werden, meinen Stolz loszulassen. Vielleicht gibt es eine andere Lösung für mein Problem, die besser ist als die, die mir vorschwebt. Wie oft schon haben Menschen im Rückblick über eine Sache gesagt: „Eigentlich ist es doch gut, dass es nicht so und so gekommen ist."

Lebens-Weisheit

Die Bibel gibt uns viele praktische Impulse, was es bedeutet, seinen Glauben zu leben. In der Bergpredigt beispielsweise (Matthäus 5–7) steht ganz viel darüber, wie Glaube geht und was er bewegen kann. Dort ist zu lesen, was „selig" (also über dieses Leben hinaus glücklich) macht und was man im Hier und Heute schon mit einem solchen Leben erreichen kann.

Ja, sie fordert heraus, diese Predigt des Jesus von Nazareth. „Selig sind, die arm sind vor Gott; denn ihnen gehört das Himmelreich"? Das ist ja wirklich ein Paradoxon. Da stellt sich der christliche Glaube schon sehr gegen das moderne Leben. Doch so ist es einfach: Dieser Glaube geht unter die Haut, er kann lebensverändernd sein.

Letztlich steht in der Bergpredigt sehr viel darüber, wie Glauben praktisch gelebt wird. Es geht um Gerechtigkeit, Armut, Hunger, auch um den geistlichen Hunger. Lauter zutiefst menschliche

Situationen. Alle, die sich vor Gott realistisch einschätzen und wissen, dass sie allein nichts bewirken können, dürfen Hoffnung schöpfen.

Zur Zeit Jesu waren viele Menschen im Volk von diesen Worten ergriffen, weil sie mit diesem Bild etwas anfangen konnten. Auch im *Magnificat* heißt es: „Er stürzt die Mächtigen vom Thron und erhöht die Niedrigen. Die Hungernden beschenkt er mit seinen Gaben und lässt die Reichen leer ausgehen" (Lukas 1,52).

Eine Aufforderung an uns können wir da auch hören: Schaut auf die Prioritäten in eurem Leben. Sind sie richtig gesetzt? Handeln sie von Gerechtigkeit und dem Trösten der Trauernden? Seid ihr Menschen, „die keine Gewalt anwenden, hungern und dürsten nach der Gerechtigkeit" … und die davon „satt" werden?

Jesus ist diesen in der Bergpredigt beschriebenen Weg vorgegangen. Er hat so gelebt. Und er ist *gleichzeitig der Weg. Das motiviert mich immer wieder dazu, ihm nachzueifern.*

Die Herzensreinheit aus Matthäus 5,8 ist ebenso eine spannende Sache. „Selig sind, die ein reines Herz haben; denn sie werden Gott schauen", heißt es da. Damit sind Menschen gemeint, die zutiefst echt und ehrlich sind. Diese Reinheit hat nichts mit Keuschheit zu tun, sondern es geht um ein aus vollkommen aufrichtiger Gesinnung kommendes Handeln. Besonnenes, wahrhaftiges Reden, Treue zum gegebenen Wort, fairer Umgang mit dem Nächsten – kurzum das, was man heute mit dem modernen Wort „Authentizität" bezeichnet. Es geht um ein Verhalten, das sich an Gottes Zuverlässigkeit und Treue ausrichtet.

Loslassen und wegsehen von sich selbst ist dran. Es bleibt dabei: Wer sich nicht mehr nur um sich selbst dreht, wer sich nicht mehr sucht, der wird sich finden.

Auf mich wirken Menschen sehr befreit, die reich oder erfolgreich gewesen sind und dann wirklich einen radikalen Bruch vollzogen haben, heraus aus der Egozentrierung in die Fremdzentrierung, wie zum Beispiel Karlheinz Böhm, der vom erfolgsverwöhnten Schauspieler zum Kämpfer gegen Hunger und soziale Missstände in Afrika wurde.

Eine weitere interessante Bibelstelle finden wir in Markus 10, 30: *Da sagte Petrus zu ihm: Du weißt, wir haben alles verlassen und sind dir nachgefolgt. Jesus antwortete: Amen, ich sage euch: Jeder, der um meinetwillen und um des Evangeliums willen Haus oder Brüder, Schwestern, Mutter, Vater, Kinder oder Äcker verlassen hat, wird das Hundertfache dafür empfangen: Jetzt in dieser Zeit wird er Häuser, Brüder, Schwestern, Mütter, Kinder und Äcker erhalten, wenn auch unter Verfolgungen, und in der kommenden Welt das ewige Leben.*

Es geht beim Glauben keineswegs nur um die Tatsache, dass man nach dem Tod in den Himmel kommt und dort dann alles besser ist – nein, Glaube macht reich, jetzt schon, mitten im Leben. Das sehen viele nicht, und deshalb ist ihnen der Glaube wurscht oder zuwider. Schade.

Daran wird sich wohl erst dann etwas ändern, wenn sich Menschen neuen Erfahrungen aussetzen. Und in der Bibel zu lesen ist so eine unverzichtbare Erfahrung. Viel zu viele Leute reden oder schimpfen gar über die Bibel, ohne sie je wirklich gelesen zu haben. Dabei lohnt sich das wie wenige Dinge sonst im Leben.

Es kann unglaublich bereichernd sein, sich richtig mit der Bibel auseinanderzusetzen und zu fragen: „Was bedeutet das für mich?" Inmitten der Probleme des Einzelnen und der Welt zu fragen: „Was sagt es mir an Positivem? Was gibt es mir an Hoffnung?" Jesus kann mir ganz neu nahe kommen, indem ich seine Worte einfach immer wieder lese und auch wiederhole.

„Bei euch muss es anders sein" (Matthäus 20,20), das ist eine Bibelstelle, die sich bei mir festgesetzt hat. Oder: „Richtet nicht, damit ihr nicht gerichtet werdet" (Matthäus 7,1).

Das sind doch massive Worte! Ich brauche gar nicht um die halbe Welt zu rennen bei meiner Sinnsuche. Die Lebensweisheiten sind da, wir können sie lesen, kauen, verdauen. Fangen Sie an, in der Bibel zu lesen!

Gemeinsam unterwegs

Menschen sind auf Gemeinschaft angelegt. Das beginnt schon mit der Aussage Gottes im Schöpfungsbericht, dass es nicht gut sei, wenn der Mensch allein ist, und zieht sich durch die ganze Bibel. In Prediger 4,9–10 steht zum Beispiel: „Zwei sind besser als einer allein. Denn wenn sie hinfallen, richtet einer den anderen auf. Doch wehe dem, der allein ist, wenn er hinfällt, ohne dass einer bei ihm ist, der ihn aufrichtet." Und auch in vielen anderen Stellen der Bibel geht es immer und immer wieder darum, dass wir uns gegenseitig helfen, beistehen und begleiten sollen.

Heute leben die meisten Menschen für sich selbst, verfolgen ihre eigenen Ziele. Einsamkeit ist eines der ganz großen Themen, besonders bei älteren Menschen.

Stellen Sie sich doch einmal vor, Sie würden Ihre Lebensperspektive wechseln und anfangen, das Miteinander in den Mittelpunkt zu stellen. Das bringt sicher nicht mehr Geld, aber ein Übermaß an Dankbarkeit und Nähe und damit an Lebensglück. Es wird zu Ihnen zurückfließen, wenn Sie anderen Menschen etwas von Ihrer Zeit, Ihrem Herz und Ihrer Aufmerksamkeit schenken.

Dieses tiefe Miteinander erwächst auch aus der Gemeinschaft mit Gott. Wenn ich das weitergebe, was ich von Gott an Liebe und Kraft geschenkt bekomme, merke ich, dass meine Anwesenheit dem anderen gut tut, so wie mir Gottes Gegenwart gut tut.

Dann gerate ich auch nicht so schnell in die Gefahr, ein Helfersyndrom auszuleben. Man kann sich vor lauter Helfen auch vollkommen verausgaben; das ist dann auch keine gesunde Form der Nächstenliebe mehr. Jesus hat uns den Auftrag gegeben: „Liebe deinen Nächsten *wie dich selbst.*" Das bedeutet, dass wir auch unsere eigenen Tanks immer wieder auffüllen müssen, um Kraft für andere zu haben.

Allerdings ist es bei den meisten Menschen wohl von vorn-
herein so, dass sie sich selbst der Nächste sind. Jesus sagt dazu:
„Nachdem du das sowieso schon tust, dann liebe deine Mitmenschen auch so, wie du dich selbst liebst."

Es gibt ein weiteres großes christliches Paradoxon mit Sprengkraft: „Wer sein Leben verliert, der wird es gewinnen" (Matthäus
10,39 und 16,25; Markus 8,35; Lukas 9,24). Der christliche Glaube
kommt erst dann zur vollen Entfaltung, führt erst dann in eine
innere Freiheit, wenn es nicht mehr nur um mich, mich, mich
geht.

Sehnsucht nach Gemeinschaft

Andersherum brauche auch ich andere Menschen um mich. Ich
brauche es, dass andere mich mitziehen, wenn ich mal nicht so
recht weiterkomme. Ich brauche den Austausch mit anderen, der
mich neu inspiriert und herausfordert. Und auch Glauben wird
viel leichter und reicher, wenn ich gemeinsam mit anderen unterwegs bin auf dem Weg zu diesem Gott.

Das Klosterleben bietet eine besonders enge Form der Gemeinschaft – mit vielen Vorteilen, aber auch Herausforderungen.
Im Noviziat ist es so, dass zwei Monate lang alles neu und toll
ist … und dann geht einem vieles auf den Wecker. Dies und das
passt mir nicht, der Abt ist zu streng und der Mitbruder unor-
dentlich. Bis man sich dem Punkt nähert, an dem man feststellt:
Mein Mitbruder ist nicht vollkommen, und dann brauche ich
das auch nicht zu sein. Man entdeckt sich selbst, möchte an sich
verzweifeln und begreift schließlich: „Der Mitbruder hat seinen
Platz gefunden, ich finde meinen auch. Ich brauche nicht der
Alleskönner zu sein."

Es ist eine Aufgabe, die Jahre braucht, bis man in einer solchen Gemeinschaft die anderen wirklich nicht nur akzeptiert und leben lässt, sondern jeden Einzelnen wirklich liebt, ihn in seiner Eigenart schätzt, obwohl er einem manchmal auf die Nerven geht.

Das habe ich mal in einer Kolumne geschrieben, und eine Journalistin antwortete mir verärgert, das sei zu viel, was ich da verlange; so etwas könne man nicht erwarten. Es gebe einfach auch die Unsympathischen. Ich habe ihr dann geschildert, wie einmal bei einer Messe einer schräg vor mir saß, der mir nie sympathisch war. Ich habe überlegt, warum das eigentlich so war; vielleicht war es sein Gesicht, das mir nicht passte. Dann habe ich mit Gott geredet, und als ich fragte: „Warum hast du mir ausgerechnet den über den Weg geschickt?", hat er zu mir gesagt: „Damit deine Liebe größer wird."

Das ist einer der größten Vorteile vom Leben in einer Gemeinschaft – man schleift sich an seinem Gegenüber, man wächst in der Liebe zueinander, die auch dann noch bleibt, wenn mir der andere mal auf die Nerven geht.

Mein Gegenüber ist nicht perfekt, und ich bin es auch nicht. Diese Haltung kann man auf die Ehe und auf den Umgang mit Kindern übertragen. Wenn ich einfach akzeptiere, dass keiner dem Anderen alles sein kann, macht das vieles leichter.

Viele Ehen scheitern, so glaube ich, daran, dass man meint, es muss ständig das absolute Glück sein. Aber dass auch da Grenzen existieren, ist Teil des menschlichen Lebens. Manche glauben, das Kloster muss eine vollkommene Gemeinschaft sein, und wenn dann mal Schwächen auftreten, kommt die große Enttäuschung. Benedikt sagt in seiner Regel, der Abt soll alles so einrichten, dass die Starken finden, wonach sie verlangen, und die Schwachen nicht davonlaufen. Das ist realitätsnah und kann auch als Leitbild in Firmen und Institutionen dienen: den Starken geben, was sie brauchen, und die Schwachen nicht überfordern.

Gemeinde als Gemeinschaft

Gemeinsam unterwegs ist man auch in einer Kirchengemeinde. Diese Form von Gemeinschaft bietet so viel Segen! Es ist bereichernd und inspirierend, mit anderen gemeinsam vor Gott zu stehen, zusammen zu singen und von ganz unterschiedlichen Menschen zu hören, wie sie ihren Weg mit ihm gehen und was sie schon mit ihm erlebt haben. Das hilft unter Umständen viel weiter als das intensivste Studium geistlicher Bücher.

Natürlich kann auch diese zusammengewürfelte Gemeinschaft eine Herausforderung sein. Ich kenne Leute, die sagen: „Niemals gebe ich diesem Trottel da den Friedensgruß!" Da hat derjenige etwas falsch verstanden. Glaube schafft Gemeinschaft, und ich muss, ob ich will oder nicht, den anderen als Bruder und Schwester anerkennen. Und auf einmal rückt er mir näher.

Es hat auch einen besonderen Reiz, dass in einer Gemeinde nicht nur ganz verschiedene Charaktere und Gesellschaftsschichten durch ihren Glauben vereint zusammenkommen, sondern auch Jung und Alt. Wo ist das denn heute sonst noch der Fall, außer vielleicht in Großfamilien, die sowieso immer seltener werden. In einer Kirchengemeinde besteht die Gelegenheit, dass eine junge Mutter von gestandenen älteren Frauen lernen kann, wie die ihre Lebenskrisen im Glauben bewältigt haben. Und ein alter Mann kann sich von der unbefangenen Offenheit und Freude beleben lassen, mit der kleine Kinder sich auf Gott einlassen.

Darum wünsche ich mir auch, dass sich Kinder in der Kirche freier bewegen können. Dort, wo ihr Dabeisein als störend empfunden wird, kann man den Kindern eine Alternative anbieten. Das wird in vielen Freikirchen so praktiziert; dort gibt es größtenteils eine Kinderbetreuung während des Gottesdienstes, in der die Kinder einen eigenen, ihren Bedürfnissen angepassten Gottesdienst erleben. Ich weiß von einem katholischen

Familienvater, der allein deshalb manchmal in einen freikirchlichen Gottesdienst geht, weil er dort genau diese Kinderfreundlichkeit antrifft. Seine Kinder sind begeistert. Sie fühlen sich im buchstäblichen Sinne angesprochen. Das ist sehr gemeinschaftlich und gefällt Kindern und Eltern gleichermaßen.

Kinder haben sowieso eine besondere Begabung darin, Gemeinschaft zu schaffen. Ich saß kürzlich im Zug von Neapel nach Rom. Links neben mir war ein kleiner Junge, etwa vier Jahre alt, der hatte ein Buch mit Tieren dabei. Er hat mir alle gezeigt und ich musste erraten, was das für Tiere sind – natürlich auf Italienisch. Der Mann gegenüber hat mir die Lösungen zugeflüstert, wenn ich nicht mehr weiterwusste. Am Schluss war das ganze Abteil eingebunden. Das ist die Kunst von Kindern!

Zugehörigkeit zu etwas Größerem

Viele Jugendliche fahren auf Weltjugendtage oder nach Taizé und kommen total begeistert und berührt zurück. Wie wichtig so eine gemeinsame geistliche Erfahrung besonders für junge Menschen ist! Dass ich merke, ich bin nicht allein unterwegs und vielleicht ist das ja alles gar nicht so speziell, sondern es gibt sogar sehr viele andere Menschen, auch in meinem Alter, die in dieselbe Richtung gehen. Und das nicht nur in unserem Land, sondern überall auf der Welt ist diese Gemeinschaft der Christen aktiv, diese große Familie Gottes, und ich gehöre dazu! Da öffnen sich ganz neue Horizonte und auch Zusammenhänge! Denn genau nach diesem Gefühl, dazuzugehören, sehnen sich doch gerade heute so viele Menschen.

Als Missionsbenediktiner blicke ich wesentlich weiter als nur in mein direktes Umfeld, weil ich einfach diese Botschaft unter die Menschen bringen möchte, und zwar rund um den Globus.

Dadurch erlebe ich auch die Einheit der Christen untereinander sehr intensiv, und das ist eine ganz wunderbare Sache.

In diesen Tagen kommen Vertreterinnen der globalen benediktinischen Gemeinschaft zu uns zu Besuch. Die Ersten sind schon angekommen, aus den USA, aus Australien. Das ist eine Freude, als ob wir alle Geschwister wären!

Natürlich gibt es in den USA andere Sorgen als bei uns oder in Australien, aber das Entscheidende ist doch, dass wir uns als Christen mit demselben Glauben und denselben Idealen im Kopf oder im Herzen begegnen, und das bewirkt eine besondere Freude. Das sprengt die engen Grenzen der eigenen Person.

Gastfreundschaft

Menschen wünschen sich Zuwendung, Freundschaft, Gemeinschaft, das Gefühl, willkommen zu sein.
Gemeinschaft und Gastfreundschaft sind daher auch ganz zentrale Themen bei den Benediktinern.

Papst Innozenz III. besuchte 1202 ein frisch gegründetes Kloster oberhalb von Subiaco. Als er feststellte, dass es dort kein Gästequartier gab, sagte er: „Ihr seid doch Benediktiner, das gehört bei euch zum Wesen dazu!" Er versorgte sie mit dem nötigen Geld für den Bau und den Unterhalt, so dass sie von da an ständig Gäste aufnehmen konnten.

Kürzlich bekam unser deutscher Zivildienstleistender hier in Rom Besuch von vier Freunden. Er bat schüchtern darum, mit ihnen den Nachmittag verbringen zu dürfen. Als er abends zurückkehrte, frage ich ihn, ob seine Freunde noch draußen seien. „Ja." Ich habe ihn angeschaut und gesagt: „Wir haben doch genug zu essen da, hol sie rein!" Das ist auch etwas, was Gemeinschaft schafft. Die waren so happy. Erst sagten sie noch: „Ach, wir kaufen uns ein belegtes Brötchen, das ist doch nicht nötig." Aber die haben gefuttert, sage ich Ihnen, das war herrlich! Und dann stellten wir auch noch fest, dass die beiden jungen Männer ehemalige Schüler von St. Ottilien waren, also die Schule „meines" Heimatklosters besucht hatten.

Als ich sie so gesehen habe mit einem großen Spaghetti-Haufen auf dem Teller, habe ich in mich hineingegrinst. Ganz tief ging das Gefühl der Freude in mir. Genau so sollte es sein: Dass sich Christen zusammenfinden, wo immer sie sind, sich gemeinsam an Gottes guten Gaben erfreuen und ihre Erfahrungen miteinander teilen!

Einfach leben

Wie findet man die wichtigen Augenblicke zum Innehalten? Sicher nicht im Getriebe des Alltags. Manchmal sollte man einfach gar nichts tun. Aus-Zeit. Kein Radio, keine Musik, kein Lesen, einfach nichts, einfach mal Ruhe. Sich nicht ablenken, den eigenen Gedanken nachhängen, Zeiten der Stille suchen.

Man braucht Zeit in der Stille, und je älter man wird, umso mehr Quantität an Stille braucht man. Das hängt auch damit zusammen, dass man vielen Gedanken nachhängen möchte, die man früher noch nicht hatte. Ich habe mir sozusagen ein reiches Innenleben aufgebaut, und das braucht seine Zeit.

Ich habe viel zu tun, und manchmal muss ich mich von meinen Aufgaben abgrenzen, um nicht völlig vereinnahmt zu werden. Was hilft? Qualität statt Quantität, Beziehung statt Beschäftigung. Wie gerne würde ich mit Ihnen persönlich sprechen, anstatt über dieses Buch mit Ihnen verbunden zu sein. Das geht aber leider nicht immer. Aber wenn wir uns gegenseitig erleben könnten, wäre unser Austausch noch intensiver.

Mir fällt das immer bei guten Referenten auf. Die lesen nichts herunter, die machen sich erlebbar. Wenn ich an den berühmten Theologen Eugen Biser denke, wenn der sich da vorn hinstellte, hatte er nicht mal Stichpunkte vor sich liegen. Der Mann war spannend, und dieses „spannend sein" entsteht auch dadurch, dass man ab und zu stille Momente hat, seinen Gedanken nachhängt und sie tief in sich arbeiten lässt, so dass das Erzählen nicht angelernt, sondern authentisch ist. Ich kann auch ein Buch lesen und mir bestimmte Thesen auf diese Art und Weise aneignen. Aber ich benötige Freiräume, um Gehörtes und Gelesenes wirklich zu mir durchkommen und mich dadurch verändern zu lassen.

Zeiten der Stille kann man einplanen. Wenn ich in die Stille gehe und mir Zeit nehme, bedeutet das gleichzeitig, dass ich anderes loslassen muss. Auch hier zeigt sich: Ein Leben aus dem Glauben heraus hat erneut mit Reduzierung zu tun – aber mit einer, die mir guttut.

Viele empfinden das Wort „Reduzierung" als etwas, was ihnen etwas nimmt. Moment, wir müssen nach dem Maßstab fragen! Für manche kann Reduzierung heißen, sich vom Anspruch auf das dritte Auto oder auf den Rotwein für 20 Euro zu trennen. Ich kann auch die Anzahl meiner 100 Paar Schuhe reduzieren.

Die Fastenzeit ist eine gute Gelegenheit zur Entrümpelung. Wir merken, dass die Einschränkung nicht zu einer Beschränkung führt, sondern befreit, dass alles Zuviel eine Belastung wird und wie schön es ist, wenn Leute mit leichtem Gepäck auf Pilgerschaft gehen. Zu erleben, mit wie wenig sie auskommen können und wie dann der eigentliche Mensch erst zur Geltung kommt!

Gerade wenn ich an Autos und Ähnliches denke, da drückt sich der Mensch nur durch äußere Dinge, aber nicht durch sich selbst aus. Was die Leute nie kapieren können, ist, dass ich mich durchaus freue, wenn ich in einem guten Auto sitze und gefahren werde. Aber ich brauche das nicht. Es gibt Situationen, in denen es sehr praktisch ist, wenn man bei einer längeren Fahrt in einem bequemen Wagen sitzt, aber es muss kein Rolls Royce sein.

Kürzlich hat mir jemand vorgeschwärmt von seinem Rolls Royce. Er möchte mich damit mal durch Berlin fahren, bot er an. Das können wir machen, ich mache ja fast alles mit, aber mir gibt so etwas nichts. Ich war richtig enttäuscht, als ich kürzlich eine DVD über Led Zeppelin anschaute und er darin mit einem Rolls Royce aus der Einfahrt seiner Villa herausfährt. Braucht er das? Ist das die Erfüllung?

In Wirklichkeit scheint so etwas eher ein Aufbegehren gegen alles Leid zu sein; die Botschaft: „Ich brauche nur einen Haufen

Geld, dann geht es mir gut." Das ist bei den Rolling Stones genauso, sie brauchen ihre Millionen, dann meinen sie, seien sie glücklich – und sie sind es doch nicht, wenn man sich ihre Gesichter einmal wirklich anschaut.

Die Sehnsucht nach einem einfachen Leben

In meinen Gesprächen mit den verschiedensten Menschen nehme ich oft eine Sehnsucht nach einem einfacheren Leben wahr, auch wenn sie dann letztlich nicht danach handeln. Da ist eine Sehnsucht, ganz sicher, und die ist ehrlich. Weil wir immer mal wieder merken, wir brauchen gar nicht so viel. Ich bin mehr als das, was um mich herum ist.

Ich kenne Menschen, die diese Sehnsucht spüren, viel Geld haben, davon aber nichts abgeben. Die leben zum Teil sogar recht bescheiden – man sagt ja, das Sparen kann man von den Reichen lernen –, aber was haben sie dann davon? Trotzdem haben sie ihrem Gefühl nach nicht genug, das Geld wird hin und her geschoben, von einer Anlage zur anderen, und glücklich werden sie dabei nicht.

Wir müssen verstehen, dass es für gehörigen Druck sorgen kann, wenn man sich über Äußerlichkeiten definiert. Ich glaube, diese Sehnsucht nach Einfachheit ist bei vielen Menschen – zumindest unbewusst – vorhanden, doch dem Druck zur Konformität in der Lebensausrichtung wird man sich letztendlich nur entziehen können, wenn man in einem anderen Boden wurzelt.

„Du hast uns zu dir hin erschaffen, o Herr, und unruhig ist unser Herz, bis es ruht, o Gott, in dir", dieses Wort des Heiligen Augustinus drückt die Vergeblichkeit der Sinnsuche durch Äußerlichkeiten klar aus. Oder wie die große spanische Mystikerin Theresa von Avila gesagt hat: „Gott allein genügt".

Eine provozierende These in diese Welt hinein. Aber nehmen wir an uns selbst nicht genau diese Erfahrungen wahr? Habe ich das eine Auto, will ich zwei Jahre später das nächstgrößere Modell besitzen. Kaum den neuen Job angetreten, planen viele schon den nächsten Karriereschritt. Ist die eine Frau erobert, wird Ausschau nach der nächsten gehalten. Ein ewiges Getriebensein.

Für mich ist es etwas Wunderbares, wenn ich mein Habit, meine schwarze Kutte, anziehe, denn dann bin ich gut gekleidet. Wenn ich dagegen in Zivil unterwegs bin, stehe ich suchend vorm Kleiderschrank. Niemand berät mich, legt mir etwas heraus, ich suche selber aus. Dann ist dieses und jenes nicht gebügelt, lauter kleine Sorgen machen sich breit. Bei uns Mönchen ist das schon sehr praktisch mit unseren Kutten, weil wir das Thema „Kleidung" getrost zur Seite schieben können. Was das allein schon für eine Entlastung gibt! Ich muss nicht den neusten Boss-Anzug tragen und mir überlegen, ob ich in diesem oder jenem Outfit auf Reisen gehe oder was ich bei einer Einladung anziehen soll. Oft macht man so etwas ja abhängig von der Erwartungshaltung des Gegenübers. Dann ist man schon wieder Getriebener, schon wieder konfrontiert mit den Ansprüchen anderer.

Es ist eine Herausforderung, mich wirklich von den Erwartungen Dritter freizumachen, die mich in einem bestimmten Bild sehen wollen. Aber gehört es nicht eigentlich zum Erwachsenwerden dazu, davon frei zu werden?

Ich denke da auch an die ganzen Statussymbole. Gehen Sie mal auf einen Empfang – und sehen Sie sich an, was sich da alles tummelt! Wie sie sich herausputzen, mit allen Orden, die gesehen werden müssen. Und dann schaut man auch noch, welchen Orden die anderen tragen. Der bayerische Verdienstorden zählt zum Beispiel wesentlich mehr als der deutsche, weil es ihn viel seltener gibt. Oder die Titel! Viele Leute finden es gut, wenn sie den anderen mit etwas Klangvollem betiteln können, weil sie dann nachher sagen können: „Ich habe mit einem besonderen Menschen gesprochen!"

Es scheint den eigenen Wert zu erhöhen, wenn ich mit jemand Wichtigem zusammen war. Man schmückt sich mit der Aura eines anderen. Eine Privataudienz beim Heiligen Vater, das ist das höchste der Gefühle. Viele würden dafür eine Menge Geld ausgeben. Nur ist der Jetzige unbestechlich.

Ich finde, so etwas ist immer dann bedenklich, wenn es nur um das Foto geht, das jemand gerne hätte. Wenn einer sagt: „Ich bewundere diesen Menschen aufgrund seiner Geistlichkeit, seiner Lebensführung, und ich möchte ihm einmal begegnen, weil ich glaube, das kann mir etwas aufschließen und mich in meiner Gottesbeziehung weiterbringen", dann finde ich das alles sehr gut. Aber die meisten wollen einfach ein Foto von sich mit dem Papst.

Wie wir mit den Erwartungen Dritter umgehen ist sehr vom Vorbild unserer eigenen Eltern geprägt. Später schlüpfen der Partner, die Kinder, der Nachbar in diese Rollen. Aber es gehört zu einem eigenständigen Erwachsenwerden dazu, sich davon zu lösen. Dafür brauchen wir einen Orientierungspunkt. Mit dem Glauben haben wir den besten, den es gibt.

Dann diese ständigen Rollenerwartungen: Ein Abtprimas darf dies und das nicht tun. Der darf sich doch nicht so weit herablassen! Es ist unglaublich, was ich nach Ansicht verschiedener Leute alles nicht darf, und da bekomme ich immer die Wut. Deswegen freue ich mich immer besonders, wenn ich mit meiner Band auftrete. Das Interessanteste daran ist die gemischte Reaktion der Menschen auf diese Auftritte. Die einen akzeptieren es, aber schauen doch schräg. Die anderen finden es gut, weil es ihre innere Sehnsucht ausdrückt, dass es auf das ganze Äußere eben doch nicht ankommt.

Nehmen Sie einen Konzern und die Kleiderordnung dort. Ist jemand ein besserer Controller oder ein besserer Marketingmann, weil er einen bestimmten Anzug trägt? Nein. Ich mag Individualisten, die nicht aus Prinzip gegen Gepflogenheiten verstoßen, sondern einfach den Mut haben, ihre Individualität zu leben. Aber ein Individualist muss sich fast immer verteidigen und erklären.

Es gibt natürlich auch Gelegenheiten, zum Beispiel wenn man ein Fest ausrichtet, da sollen alle ordentlich gekleidet sein und das soll auch ein bisschen stimmig sein. Es muss aber Grenzen geben. Wenn eine Frau fünf Stunden beim Friseur sitzen muss, bis alles sitzt und bis auch die letzten Haare vervielfältigt sind, dann stimmt wohl etwas nicht mehr! Immerhin verdienen einige Leute daran.

Weniger ist mehr

Reduzierung ist in vielen Bereichen wichtig und hilfreich. Das Fasten ist Ausdruck davon, es ist eine geistliche Übung, ebenso wie das biblische „Almosengeben", das wir heute mit der Unterstützung Bedürftiger übersetzen können, und das Gebet.

Heute wird meist wegen der Schönheit oder der Gesundheit gefastet. Die geistliche Dimension ist vielerorts völlig verloren gegangen. Es ist gut zu fasten, um mal wieder ein bisschen Gewicht zu verlieren. Das hat aber mit religiösem Fasten nichts zu tun.

Da steht zum Beispiel in Matthäus 6,16, dass es nicht in Gottes Sinne ist, wenn man ganz demonstrativ fastet. Im Verborgenen soll es geschehen. In diese Richtung schreibt auch Benedikt in seiner Regel: Man soll sich eben keine besonders harten Übungen auferlegen. „Man entziehe seinem Leib etwas an Speise, Trank und Schlaf und verzichte auf Geschwätz und Albernheiten", und man sollte alle Vorhaben dem Abt unterbreiten, weil sonst immer die Gefahr besteht, dass man stolz wird auf seine besondere Geistlichkeit – und damit das Ziel komplett verfehlt.

Religiöses Fasten hat etwas mit Bewusstmachen zu tun. Jemand erzählte mir einmal, wie er vor Jahren mit einem Freund ein Klosterwochenende verbringen wollte. Der Freund verspätete sich am ersten Abend, so dass er allein Abendbrot essen musste. Da war sonst nichts in seiner Zelle, keine Zeitung, kein Fernseher, kein Freund. Nur dieses Käsebrot und der Pfefferminztee. Seinen Freund empfing er später mit den Worten: „Weißt du was, ich habe schon lange nicht mehr so ein leckeres Käsebrot gegessen und den Käse so bewusst geschmeckt, auch den Pfefferminztee. Das war wie eine Geschmacksexplosion!"

Warum? Weil er einmal nicht abgelenkt war. Das ist eine weitere Dimension des Fastens, die auch außerhalb der Fastenzeit wirkt. Es geht nicht ums Kasteien und Verzichten, es geht um ein Bewusstwerden, um ein Gefühl der Dankbarkeit.

Ich kann mich ganz und gar für einen Schluck klares Wasser und ein Stück Schwarzbrot begeistern. Ich kaue das Schwarzbrot ganz bewusst und langsam, und das schmeckt so lecker!

Aber zurück zum Fasten: Im Sinne des Evangeliums kommt noch ein Faktor dazu. Was man sich vom Munde abspart, soll man den Armen geben. Mit anderen teilen. Es geht nicht einfach um den Verzicht, sondern um den Verzicht wofür? Um selbst wieder freier zu werden, aber auch, damit andere etwas davon haben. Und da sind wir erneut bei dem gemeinschaftlichen Lebensansatz der Bibel.

Das leitet über zur dritten in der Bibel genannten geistlichen Übung, dem Almosengeben, also dass ich von dem, was ich habe, anderen etwas abgebe. Es steht gleichberechtigt neben Gebet und Fasten (Matthäus 6). Im Vertrauen darauf, dass Gott mir alles gibt, was ich brauche, kann ich abgeben. Egal, ob ich viel habe oder nur ein wenig, ich kann immer schauen, wo ich etwas übrig habe.

In dem Text in Matthäus 6 sagt Jesus, die linke Hand soll nicht wissen, was die rechte tut. Auch hier geht es also um die Loslösung von Stolz und Eitelkeit. Sie kennen vielleicht Clubs, die viel Gutes tun und eine Menge Spenden sammeln. Aber es wird auch Wert darauf gelegt, dass das wahrgenommen wird. Vielleicht saßen Sie schon mal auf einer der Bänke, die diese Clubs in Parks gestiftet und mit Etiketten versehen haben.

Wenn Sie in den USA von einer Stiftung eine Broschüre bekommen, finden Sie dort immer verzeichnet, wer wie viel gespendet hat. Das ist kategorisiert, eine Form der Offenlegung, die dort auch die Funktion einer Rechenschaftsablage hat und bei der es nicht nur darum geht zu zeigen, wer wie viel gegeben hat. Aber natürlich ist es gleichzeitig auch das. In den USA gibt es ja weniger Sozialsteuern, deshalb wird von den Reichen erwartet, dass sie mehr spenden, zum Beispiel für die Kindergärten der Pfarrei oder für Krankenhäuser. Das erwartet man aus moralischen Gründen von ihnen.

Wenn ich an Bedürftige spende, fange ich an, Menschen zu dienen. Das ist letztlich eine zutiefst christliche Haltung: Dienen statt Herrschen.

Zu Zeiten Jesu gab es ja keine Versicherung und keine Renten, dafür aber viele Arme, viele Witwen, es gab die Waisen und die Fremden. Das sind die Kategorien von Menschen, die genannt werden, um die sich Gott auch besonders kümmert. Lesen wir einmal Psalm 146,5–9:

Wohl dem, dessen Halt der Gott Jakobs ist und der seine Hoffnung auf den Herrn, seinen Gott, setzt. Der Herr hat Himmel und Erde gemacht, das Meer und alle Geschöpfe; er hält ewig die Treue. Recht verschafft er den Unterdrückten, den Hungernden gibt er Brot; der Herr befreit die Gefangenen. Der Herr öffnet den Blinden die Augen, er richtet die Gebeugten auf. Der Herr beschützt die Fremden und verhilft den Waisen und Witwen zu ihrem Recht.

Hier geht es um die Unterdrückten, die Hungernden, die Gefangenen, die Blinden, die Gebeugten, die Gerechten, die ungerecht behandelt werden, dann die Fremden, die Waisen und die Witwen. Das sind die, die dann im Neuen Testament in Matthäus 25,36–45 genannt werden: „Was ihr für einen meiner geringsten Brüder getan habt, das habt ihr mir getan", also zu trinken geben, im Gefängnis besuchen und so weiter.

Wo ist denn Gott im Schicksal der ganz Armen? Warum kümmert er sich nicht um sie? Gott kann durch unser Handeln bei diesen Menschen sein. Er hat die Welt nicht nur für ein paar Leute geschaffen, sondern für alle.

Das muss ich sehen. Es hat eine zündende Sprengkraft, dass die Welt für alle da ist. Gott weiß auch, dass nicht alle clever genug sind, nicht alle die nötige Bildung haben. Hier hat auch die soziale Marktwirtschaft ihren eigentlichen Grund. Es geht darum, nicht nur marktwirtschaftlich zu denken, sondern auch sozial, ausgleichend.

Dienen statt herrschen

Wie unbequem die Heilige Schrift sein kann, und wie bequem wir es uns doch eingerichtet haben! Herauszufinden, was wir tun sollen und können, ist gar nicht so einfach. Da müssen wir uns anstrengen! Gott hat uns aber auch keine Bequemlichkeit verheißen. An manchen Stellen könnten wir ja durchaus aktiv werden. Was Alfred Herrhausen mit der Entschuldung der Länder angeregt hat, war der Versuch eines gerechten Ausgleichs. Weil er sagte: Die Gelder sind sowieso schon zurückbezahlt, nur die hohen Zinsen, die noch dazukommen, auf die muss man halt verzichten, damit die Menschen frei sind, um neu wirtschaften zu können.

Das ist „Dienen statt Herrschen" im großen Zusammenhang. Aber das kann im Kleinen ebenso geschehen. Das hat zum Beispiel eine Mutter Teresa gemacht, die gesagt hat: „Ich kann einen Kranken nicht gesund machen, aber ich kann an seiner Seite sein, ihm Gemeinschaft schenken."

Ich darf mich jetzt nicht hinter ihrem Beispiel verstecken und sagen: „Ja, Mutter Teresa, die war etwas Besonderes." Das kann doch genauso für mich gelten, indem ich bei der kranken Nachbarin bin. Wenn jemand stirbt, kann es so tröstlich sein, wenn Freunde oder Nachbarn zu den Hinterbliebenen kommen und einfach da sind. Menschen, die mitweinen, denen manchmal die Worte fehlen, die vielleicht etwas zu essen machen, aber letztlich einfach da sind.

Im Leid weiß man nicht immer etwas zu sagen. Aber seien wir bei den Traurigen, die Trost brauchen. Das kann jeder von uns an seinem Ort. Wenn sie oder er ein bisschen die Augen aufhält, sieht er sehr viel.

Auch die Politik gaukelt uns ja oft vor, es sei doch fast alles in Ordnung bei uns. Wenn ich dann an das Thema „Kinderarmut" in Deutschland denke ... Ich habe letzte Woche die Biografie von Bernd Siggelkow gelesen, dem Gründer der „Arche" in Berlin, einem christlich motivierten Kinderhilfswerk. Das bekommt keinen Cent vom Staat und hat mittlerweile an die zehn Archen deutschlandweit, wo täglich rund tausend Kinder mit Essen und vor allen Dingen mit Liebe und Zuwendung versorgt werden, die unterhalb der Armutsgrenze leben. In Deutschland! Die materielle Not ist da, aber was teilweise schlimmer ist, ist die emotionale Not der Kinder. Dieses Alleingelassensein. Je mehr unsere Gesellschaft versagt, umso wichtiger wird das Engagement Einzelner.

Besonders wichtig ist ein verstärkter Einsatz im Bereich der Bildung. Die unbefriedigenden PISA-Ergebnisse hängen nicht nur mit dem Geld zusammen. Jedes Kind ist neugierig und hat Wissensdurst, und der muss gefördert werden. Bevor ich Bücher kaufe, muss ich überhaupt Bücher lesen wollen. Ich habe mal einem Jungen aus einer befreundeten Familie die Freude am Lesen beigebracht. Da hat die Mutter gesagt: „Lass das bleiben, sonst wird er auch so ein Studierter!"

„Dienen statt Herrschen" – dahinter steckt einfach eine Entscheidung, wie ich durch mein Leben gehen will. Will ich Macht, eine entsprechende Ausstrahlung, garniert mit Statussymbolen? Oder möchte ich anderen Menschen dienen? Das kann auch aus einer Position der Stärke geschehen, einer machtvollen Position, die aber stets das Wohlergehen anderer Menschen im Blick hat.

Fürsorge ist ein Teil des Dienens: bei den Menschen sein und ihnen Zuwendung schenken, sie neu motivieren. Ihnen einen Blick auf ihr Leben ermöglichen, der sie frei machen kann.

Anders leben ist möglich

Natürlich können wir anders leben. Heute saß ein junger Mann mit mir am Mittagstisch, der in Afrika gelebt und dort ganz andere Erfahrungen in Sachen Reduzierung gemacht hat. Wir Benediktiner haben eine internationale Kommission für benediktinische Erziehung, da treffen sich alle drei Jahre an die 200 Lehrer und Lehrerinnen aus verschiedenen Nationen, die sich über die Frage austauschen: Was macht eigentlich die Erziehung an unseren Benediktiner-Schulen aus? Es gibt dasselbe auch auf Schülerebene, da kommen dann etwa 300 Schüler zusammen. Wir haben das jetzt mit der Zeit des Weltjugendkongresses zusammengelegt, damit es besser finanzierbar ist. Es ist aus meiner Sicht etwas eminent Wichtiges, dass die deutschen Lehrer dabei erfahren, wie der afrikanische Schul- und Lebensalltag aussieht. Das ist nichts, was man aus Büchern lernen kann. Was einen besonders beeindruckt sind doch die Dinge, die man konkret von anderen Menschen erfährt.

Christlich glauben und leben heißt eben nicht, in der gewohnten Enge zu verharren, sondern den Kopf zu heben und sich umzuschauen, wie es andernorts zugeht.

Dieser junge Mann an meinem Mittagstisch hat in Afrika ganz neue Lebenswerte erlebt – dass man auch mit weniger glücklich sein kann.

Ein Bekannter erzählte mir kürzlich, wie er eine Angelwoche am Meer verbracht hat. Den ganzen Tag stand er im Wasser, abends wurde am Lagerfeuer ein einfaches Essen gebrutzelt: „Und dann sitzt man da am Strand, die Sonne geht unter, das Feuer prasselt, und man beißt in eine halbgare, verrußte Kartoffel – und ist der glücklichste Mensch der Welt." Was das Leben in diesem Moment ausmachte, war die Freiheit, die Gemeinschaft mit anderen nach einem langen Tag in der Natur und die Energie einer halbgaren Kartoffel.

Selbstbeschränkung und Verzicht können so gut sein – lassen Sie Sachen los, Sie brauchen ganz wenig.

Wenn Sie jetzt daran denken, was Sie noch alles abbezahlen müssen – das große Haus, das Auto, den Flachbildschirmfernseher –, ja, das kann für Druck sorgen. Ich bleibe dabei: Willst du Menschen unglücklich machen, gib ihnen sehr viel Geld.

Wie würde es uns wohl ohne all das gehen? Wenn wir einen Schritt zurücktreten und uns mit Menschen umgeben würden, die uns wegen unserer Art und nicht wegen unseres Besitzes mögen? Wie wichtig sind mir eigentlich die Leute, die das vielleicht komisch finden würden – weil es sie auch selbst in ihrer Lebensführung hinterfragt. Will ich, dass mir die wichtig sind?

Wir haben doch letztlich immer noch eine Rückendeckung, die uns Sicherheit gibt.

Ich würde gern in den Zeitungen und im Fernsehen mehr von diesen echten Lebensalternativen lesen und hören. Von Menschen, die Mut machen. Weniger negative Schlagzeilen. Dass die für Auflagen sorgen, müsste uns schon stutzig machen. Wollen wir am Ende überhaupt nicht hinterfragt werden? Es ist natürlich richtig, auf Missstände aufmerksam zu machen, aber wir müssen doch die gleiche Leidenschaft entwickeln, wenn es darum geht, Potenziale zu fördern und Positives aufzudecken.

Zeiten der Stille helfen uns dabei, immer mehr loslassen und reduzieren zu können. Wenn wir diese Haltung immer stärker einüben, werden wir uns von vielem befreien, was uns heute belastet. Wir begeben uns damit auf den Weg, erfüllt durch unser Leben zu gehen. Wir sorgen für die Rahmenbedingungen, um die anfangs in Teil 1 dieses Buches beschriebene Vielfalt des christlichen Glaubens erfahren zu können.

In diesem zweiten Abschnitt sind wir der Frage nachgegangen, was wir tun können, um diesen Gott besser kennenzulernen und ihn immer stärker in unser Leben einzulassen. Im folgenden Teil bewegen wir uns ein Stück weg vom Tun, also zum Beispiel dem Gebet, dem Lesen geistlicher Bücher oder dem Fasten. Wir werden uns mit den inneren Haltungen beschäftigen, die eine echte und lebendige Beziehung zu Gott ermöglichen.

Teil 3

Leben mit Gott

Innerlich Ja sagen

Was kann ich aus meinem Leben machen, wenn ich es mit Gott führe? Das ist eine umwälzende Perspektive, denn der Glaube bietet einen ganz anderen Blick auf mein Leben, befreit vom ständigen Machbarkeitswahn der heutigen Zeit.

Es gibt diese berühmte Geschichte vom Wüstenvater Antonius, der im Alter von 20 Jahren sinngemäß die Weisung von Gott vernommen hat: „Willst du glücklich sein, dann geh hin und verkaufe alles und gib es den Armen." Er hat wirklich ernst damit gemacht und ist dann in die Wüste gezogen. Das hat sein ganzes Leben verändert. Zuerst sorgte er jedoch noch für seine Schwester. Aber diese Radikalität, die er an den Tag gelegt hat! Ähnliches gilt für Ignatius von Loyola. Der spätere Gründer der Jesuiten kam als verwundeter Ritter und Edelmann in das Kloster Montserrat, legte seine Lebensbeichte ab, ließ seine Waffen am Altar und zog sich in die Einsamkeit zurück. Benedikt, unser Mönchsvater, verzichtete mit 20 Jahren auf Studium und Karriere und begab sich für 3 Jahre in eine Felshöhle oberhalb von Subiaco. Das waren kantige Typen. Die wären nie auf die Idee gekommen, Religion langweilig zu finden.

Der Glaube kann sein ganzes Potenzial entfalten, wenn man ernst macht. Oder um es deutlicher zu sagen. Man muss heute schon ein bisschen radikaler an die Dinge herangehen, fast schon im positiven Sinne fundamental werden. Dann kann der Glaube Fundament unseres Lebens sein.

In der Bibel ist es auch nicht gerade zart beschrieben: „Wenn du vollkommen sein willst, geh, verkauf deinen Besitz und gib das Geld den Armen; so wirst du einen bleibenden Schatz im Himmel haben; dann komm und folge mir nach" (Matthäus 19,21). Das hat etwas mit einer Grundsatzentscheidung zu tun.

Diese Entschiedenheit ist die eigentliche Botschaft geistlicher Vorbilder. Manch einen wird diese Radikalität vielleicht entmutigen, und er oder sie wird darauf verweisen, dass Menschen wie Benedikt in einer anderen Zeit gelebt haben. Und natürlich müssen nicht alle ins Kloster eintreten und alles verkaufen, was sie besitzen. Die Übertragung ins Heute kann aber beispielsweise bedeuten, dass ich mich ganz auf andere Menschen einlasse, so dass alles übrige an Bedeutung verliert, alle Eigeninteressen und eigenen Vorteile.

Ein schönes Bild, mit dem ich meinen Punkt verdeutlichen möchte, ist die Ehe, die man ein stückweit schon mit der Entscheidung für den Glauben vergleichen kann. Zwei Menschen lernen sich kennen und lieben, vertrauen einander zunehmend. Mir haben schon viele Eheleute erzählt, dass die Heirat aber noch einmal für eine ganz andere Verbundenheit zwischen ihnen gesorgt hat. Dieses Gefühl, da sagt jemand Ja zu mir und umgekehrt.

Und so, wie ich mich in einer Ehe radikal für einen Menschen entscheiden muss, um die wahre Beziehungstiefe zu erleben, die zwischen Mann und Frau möglich ist, ist es auch mit dem Glauben. Ich entscheide mich dafür, mein Leben mit Gott zu gehen, in guten und in schlechten Zeiten. Und dann werfe ich nicht gleich die Flinte ins Korn, wenn es mal nicht so läuft. Es wird wie in einer Ehe Höhen und auch mal Tiefen geben, Zeiten intensiven Miteinanders und Phasen eigener Wege. Und in dieser Haltung wird mein Glaube vom Helfer in der Not zu einer Perspektive für mein Leben.

Entscheidungen treffen wir jeden Tag, mit ihnen kann jeder von uns sein Leben mitgestalten. Zum Beispiel die Entscheidung für einen Beruf, mit dem ich meinen Lebensunterhalt verdiene und der mir vielleicht zur Berufung werden kann. Ich kenne Lehrer, die ihren Job wirklich als Dienst am jungen Menschen ansehen. Es gibt Richter, Rechtsanwälte und auch Politiker, die aus einer

zutiefst christlichen Haltung und mit großem Verantwortungs-
bewusstsein handeln. Solche Menschen gibt es viel häufiger, als
wir wahrnehmen, aber vieles passiert eben nicht in der Öffentlichkeit.

Man kann sich auch dafür entscheiden, dem, was mir Kraft gibt,
mehr Raum zu geben und gegen das, was mich drückt, aufzube-
gehren. Ich kenne zum Beispiel eine Gruppe Politiker, die geht jedes Jahr Anfang Januar für ein Wochenende in ein Kloster. Diese
Menschen treten für einige Tage heraus aus dem „Schneller-höher-
weiter"-Leben des politischen Alltags, aus diesem unnatürlichen
Lebensrhythmus von zu viel Arbeit und zu wenig Schlaf. Danach
gelingt wieder konzentriertes Arbeiten, und vielleicht werden wir
weniger Worthülsen von diesen Politikern hören, weil sie sich wieder neu in ihrem Leben verwurzeln.

Das sind für mich positive Beispiele für Menschen, die versuchen, mitten im anstrengenden Alltag bewusst Kraft zu tanken
und sich ihres Koordinatensystems zu versichern. Jeder kann bei
sich anfangen, sich langsam und immer tiefer einem Leben mit
Gott zu nähern.

Ich habe diese Gruppe einmal ein Wochenende lang begleitet,
und am Sonntag sagte ich dann: „Wir machen heute Morgen nach
dem Gottesdienst Schluss, und ihr fahrt heim zu euren Familien.
Das gehört zu euch, und ihr werdet eurer Aufgabe viel besser
gerecht, wenn ihr mit dem, was euch Kraft gibt, in Verbindung
bleibt." Das ignorieren viele, die 12 oder 14 Stunden täglich arbeiten, weder für sich noch für ihre Lieben Zeit haben und ständig
über ihre Kräfte leben.

Eine sanfte Revolution

Aus dieser Haltung auszusteigen, die Leistung um jeden Preis will, das kann die Welt verändern. Schon Jesus stellte fest, dass sich die Großen dieser Welt die ersten Plätze aussuchen. Sehr treffend finden wir das in der Geschichte der Zebedäus-Söhne beschrieben. Deren Mutter wollte ihnen – das ist so schön menschlich – die Plätze links und rechts vom Thron sichern und wurde von Jesus scharf zurückgewiesen (Matthäus 20,20 ff.).

Gerade hatte Jesus von seinem bevorstehenden Leiden gesprochen, und die Jünger hatten nichts Besseres zu tun, als miteinander zu streiten, wer der Bessere, wer der Höhere ist. Jesus unterbrach sie mit den Worten: „Ihr wisst: Die Herrscher der Völker, die Großen in der Welt, unterdrücken ihre Leute und lassen sie ihre Macht spüren. Bei euch muss es anders sein! Wer unter euch groß sein will, soll euer Diener sein, und wer an erster Stelle stehen will, soll euch Sklavendienste leisten. Auch der Menschensohn ist nicht gekommen, um sich bedienen zu lassen, sondern um zu dienen und sein Leben als Lösegeld für alle Menschen hinzugeben" (Matthäus 20,25–28).

Würden Investmentbanker, Finanzleute und Großindustrielle das Thema „Den Menschen dienen" ernstnehmen, sollte so etwas wie eine kopernikanische Wende eintreten: weg von der Sorge um die eigene Tasche, hin zum Wohl der anderen. Sie sind ja nicht nur verantwortlich für den kleinen Kreis, in dem sie sich bewegen, sondern von ihrem Verhalten hängt das Wohl des ganzen Volkes ab, heute sogar ganzer Völker. Es muss bei diesen Leuten ankommen, es darf sie nicht unberührt lassen, dass ein Teil dieser Bevölkerung immer reicher wird, und zwar brutal reicher, während ein anderer Teil in Armut versinkt. Es ist nicht nur Schicksal oder die eigene Schuld der Menschen „da unten", sondern sie tragen wesentlich dazu bei. Zu behaupten, es gehe auch den einfacheren

Schichten besser, wenn die anderen sehr viel verdienen und mit ihren hohen Steuerzahlungen zum Wohl des Ganzen beitrügen, geht am Ziel vorbei. Der Egoismus von Finanzleuten hat global de facto viele Familien in große Nöte gestürzt.

Verantwortung für die Schöpfung

Eine andere, zutiefst demütige Lebenshaltung beinhaltet auch ein Ja zur Schöpfung. Wir Menschen machen uns die Natur heute in einer Art und Weise untertan, bei der wir fast jedes Maß verloren haben. Wir beuten sie aus. Die Natur ist uns zur Verwaltung anvertraut worden, wir können aber nicht willkürlich über sie verfügen. Sonst gleichen wir dem Zauberlehrling, der auf einmal mit den Konsequenzen seines Handelns nicht mehr fertig wird.

Vielleicht sind wir etwas nachdenklicher geworden. Im Sommer 2010 haben wir das an der dramatischen Ölkatastrophe im Golf von Mexiko gesehen. Früher wurden in Deutschland an jedem Samstag Millionen von Autos daheim vor der Garage mit Schwamm und Wasserschlauch gewaschen. Das wurde dann verboten, weil dabei Öl aus dem Motorraum in die Kanalisation gelangen könnte. Und ein Tropfen Öl kann eine sehr große Menge Wasser verunreinigen. Wo bleibt unser Schock darüber, dass im Golf von Mexiko Millionen Tonnen Öl ausgetreten sind? Wir haben jede Verhältnismäßigkeit verloren, oder wie ich an anderer Stelle schon sagte: das rechte Maß. Aus einem Ja zur Schöpfung muss auch ein Stück Demut erwachsen. Der Natur und den Menschen zu dienen, das geht eigentlich Hand in Hand.

Wir müssten uns berühren lassen. Stattdessen nehmen wir Fakten zur Kenntnis. Sehen die Ölkatastrophe im Fernsehen und denken fünf Minuten später kaum noch daran.

Das hat generell etwas mit Weitsichtigkeit und Verantwortung zu tun. Lassen Sie mich weitere Beispiele nennen, wo das ebenfalls nötig ist.

Das Christentum ist die am meisten verfolgte Religion weltweit! Christen werden in vielen Ländern der Erde einfach an die Wand gedrückt. Und wir sitzen gemütlich vor dem Fernseher, schauen zu und essen Chips.

Im Sommer 2010 ist in Rom etwas passiert, auf das niemand reagiert hat, obwohl ich es bedenklich finde. Gaddafi ist in der Stadt gewesen und hat 300 Hostessen in sein Hotel bestellt und bestens bewirtet. Allen hat er einen Koran geschenkt und Belohnungen versprochen, wenn sie muslimisch werden, was drei von ihnen auch wahrgenommen haben. Es ist nichts dagegen einzuwenden, wenn jemand für seinen Glauben wirbt. Aber das sollte mal einer von uns bei ihm zu Hause machen und für eine Umkehr zum Christentum aufrufen, wo ich noch nicht mal eine Bibel dabei haben darf, wenn ich dorthin fahre! Da ist etwas im Ungleichgewicht, was wirklich auch gefährlich ist.

Kommen wir zu einem weiteren Thema. Die Kinderlosigkeit in Deutschland ist in meinen Augen wirklich eine Tragödie. Natürlich sind dafür die Familien in erster Linie selbst verantwortlich. Aber die Freude, die Kinder spenden, wird ja auch in der Öffentlichkeit kaum noch vermittelt. Es wird permanent der Eindruck erweckt, ein Kind stehe der Selbstverwirklichung von Frauen im Beruf im Weg. In anderen Ländern ist manches besser geregelt. Doch mehr Geld und bessere Kinderbetreuung sind nur ein Teil der Medaille. Kinder sind kein Produkt des Geldes, sondern der Liebe. Auch hier muss man eine grundsätzliche Entscheidung treffen, ein inneres Ja finden zu dem Lebensmodell „Familie mit Kindern", das vielleicht einige Opfer fordert – aber so viel mehr Freude und Erfüllung bringt. Und gerade auch ihnen zuliebe sollten wir an die Bewahrung der Schöpfung denken!

Wir brauchen Mahner und Denker, die gesellschaftliche Mängel auf den Punkt bringen. Vor lauter *political correctness* werden bestimmte Überzeugungen kaum noch geäußert. Mir kommt es vor, als ob wir in einem brennenden Haus sitzen und lediglich überlegen, welche Versicherung wir jetzt für die Zukunft auswählen sollen.

Angst überwinden

Hinter unseren bei näherem Betrachten oft fragwürdigen Verhaltensweisen und der fehlenden Entscheidungsfreudigkeit steckt oft eines: Angst.

Der Glaube an Gott kann in diese Fülle psychologischer Verstrickungen heilend eingreifen. Wenn ich weiß, ich stehe nie allein da, ich muss nicht alles selbst schaffen, ich darf auch mal Fehler machen, dann kann das vieles erleichtern, sodass sich sogar Angstneurosen lösen können.
Dieser Glaube hat die Kraft, Leben schon jetzt zu verändern. Nicht erst in Leid und Tod, dort aber auch. Kein Leben dauert ewig. Irgendwann müssen wir alle abtreten. Wir glauben an die Auferstehung, wir gehen auf Gott zu, nicht auf ein abstraktes Danach, sondern auf ein ewiges Glück.

Wenn es jemandem gelingt, das im Glauben anzunehmen, dann wird er sogar von vielem geheilt, weil die ganz große Angst weg ist. Natürlich setzt das voraus, dass ich nicht einen strafenden Gott vermittelt bekommen habe.

So, wie der Glaube einem Schwerkranken noch eine Perspektive geben kann, kann er uns auch die Angst davor nehmen, zu kurz zu kommen. Er kann uns ein Gefühl der Demut schenken, so dass wir weder Mitmenschen noch Natur ausbeuten. Das Mehr an Mut, Liebe und Für-möglich-halten, das Glaube bewirkt, kann ein Paar dazu bewegen, auf Geld und Karriere zu verzichten und stattdessen ein weiteres Kind zu bekommen.

Viele Menschen haben von anderen ein angstmachendes Gottesbild vermittelt bekommen. Dabei könnte nichts der Wahrheit ferner sein als die Vorstellung, dass Gott nur darauf lauert, uns bei Fehlern zu erwischen und dann zu bestrafen. Im Gegenteil: 1. Johannes 4,18 besagt: „Die Liebe kennt keine Angst. Wahre

Liebe vertreibt die Angst. Wer Angst hat und vor der Strafe zittert, bei dem hat die Liebe ihr Ziel noch nicht erreicht" (GN).

Ich halte es geradezu für sträflich, einem anderen Menschen Angst mit diesem Gott zu machen, der doch in Wirklichkeit nichts anderes möchte, als dass Sie in Freiheit leben.

„Fürchte dich nicht!", diese Aussage kommt in der Bibel hunderte von Malen vor. „Fürchte dich nicht!", das kann die Überschrift für Ihr Leben werden, wenn Sie sich für den Glauben entscheiden, wenn sie diesen Gott nicht nur anrufen, wenn es Ihnen gerade mal schlecht geht. „Fürchte dich nicht" – das ist eine gewaltige Zusage!

Ich fuhr einmal in einem Aufzug nach unten, die Tür öffnete sich, eine junge Punkerin stand direkt vor mir – und schrie auf, einfach so. In Erinnerung an die Worte Jesu sagte ich schmunzelnd: „Fürchte dich nicht, ich bin's", und sie hat gelacht. Sie wusste sicher nicht, dass das ein Zitat aus der Heiligen Schrift ist. Herrlich! So geht es Gott mit uns anscheinend auch oft, dass er erst einmal sagen muss: „Keine Angst, ich bin es nur!", wo wir sinnlos in Panik geraten.

Ist die Aussicht auf ein Leben ohne Angst nicht wunderbar? In dem ich immer weiß: „Selbst wenn es mir noch so dreckig gehen sollte, Gott ist immer noch da. Ich habe eine Perspektive für meine Zukunft!"

Sorgen-los leben

Glaube bleibt Glaube und ist kein intellektuelles Wissen. Er ist das Vertrauen in die Zukunft, die Zukunft Gottes mit den Menschen. Damit kann ich „vertrauensvoll" das Risiko Zukunft eingehen. Wer mit der Bibel vertraut ist, weiß, dass der Auszug der Israeliten aus Ägypten das Urbild dieses Weges mit Gott (oder des Weges Gottes mit uns) darstellt. Es war der Weg in die Freiheit. Und es war kein leichter Weg, aber schließlich erreichten sie das Gelobte Land.

Es bleiben viele Fragen und Zweifel. Eins aber ist sicher: Es hat noch nie jemandem etwas gebracht, sich im Vorhinein um eine Sache Sorgen zu machen. In der Bibel gibt es eine schöne Stelle zu den Sorgen, die sich die Menschen so um alles Mögliche machen:

Seht euch die Raben an! Sie säen nicht und ernten nicht, sie haben weder Scheune noch Vorratskammer. Aber Gott sorgt für sie. Und ihr seid ihm doch viel mehr wert als die Vögel! Wer von euch kann durch Sorgen sein Leben auch nur um einen Tag verlängern? Wenn ihr nicht einmal so eine Kleinigkeit zustande bringt, warum quält ihr euch dann mit Sorgen um all die anderen Dinge? Seht euch die Blumen auf den Feldern an, wie sie wachsen! Sie arbeiten nicht und machen sich keine Kleider, doch ich sage euch: Nicht einmal Salomo bei all seinem Reichtum war so prächtig gekleidet wie irgendeine von ihnen.

Wenn Gott sogar die Feldblumen so ausstattet, die heute blühen und morgen verbrannt werden, dann wird er sich erst recht um euch kümmern. Habt doch mehr Vertrauen! Zerbrecht euch also nicht den Kopf darüber, was ihr essen und trinken werdet. Mit all dem plagen sich Menschen, die Gott nicht kennen. Euer Vater weiß, was ihr braucht. (Lukas 12,24–30, GN)

Damit ist nicht gemeint, dass wir jetzt unsere Arbeit einstellen und uns nur noch durchs Leben treiben lassen sollen. Vielleicht kann man es so verstehen: Wir sollen einfach da sein und tun, wofür wir gedacht sind. Verantwortung für das eigene Leben übernehmen, aber sich nicht von seinen großen und kleinen Sorgen kleinmachen und langsam zermalmen lassen.

Wir haben verlernt, in der Gegenwart zu leben. Dazu machen wir uns viel zu viele Gedanken und Sorgen um die Zukunft.

Aber diese Kunst, im Jetzt zu sein, jetzt zu lesen, jetzt zu re-
flektieren, jetzt zu beten, das ist wichtig – jetzt. Und morgen ist
morgen. So zu leben ist eine große, große Kunst!
Bei meinen Besuchen in Afrika fällt mir immer wieder auf, dass die
Afrikaner das ganz naturgemäß so machen. Sie freuen sich einfach,
wenn sie etwas Gutes erleben oder haben, und sie wissen haargenau, irgendwann wird auch mal nichts oder wenig da sein. Aber
darüber denken sie in dem Moment nicht nach. Das Leben findet
jetzt statt, in diesem Moment, und den nehmen sie, wie er ist.

Kann man sich wirklich dafür entscheiden, mit so einer Haltung durch sein Leben zu gehen? Zerplatzt diese Lebenseinstellung
nicht an den harten Kanten der Realität, etwa wenn jemand gerade
arbeitslos geworden ist und es an allen Ecken und Enden fehlt?

Es ist schlimm, so etwas zu erleben. Manchmal muss ich einfach akzeptieren, was das Leben für mich bereithält. Es gibt Zeiten, da trägt uns vielleicht nur noch das Vertrauen darauf, dass
es einen Gott gibt, der uns beisteht und auch wieder Auswege
schafft. Es gibt das schöne Sprichwort: „Wo Gott eine Tür zu-
schlägt, öffnet er ein Fenster." So lange ich in einem Raum nur
auf die Tür starre und unbedingt durch sie hinaus will, sehe ich
vielleicht nie das geöffnete Fenster in meinem Rücken.

Vielleicht haben Sie schon einmal eine solche Situation erlebt,
in der in Ihrer Seele etwas ganz hell ausgeleuchtet wurde, nur für
einen Moment. Vielleicht erinnern Sie sich an eine unbestimmte
Sehnsucht, bei einem Spaziergang oder auf einer Beerdigung.
Auf einmal ist ein kleiner Winkel Ihrer Seele angestrahlt worden,
der sonst ein bisschen im Schatten liegt. Haben Sie den Mut, den
Scheinwerfer Ihrer Aufmerksamkeit auf diese Stelle zu richten.
Eine Beerdigung kann eine gute Gelegenheit zu so einer „Innenbe-
leuchtung" sein. Trauen wir uns, hinter unsere Ängste zu schauen –
es lohnt sich! Das Wissen, dass Gott mit uns geht, entlastet: Wir
brauchen nicht alles selbst zu tun, wir müssen keine „Macher" sein.

Sich öffnen

Mir geht es oft so, dass ich mit einem Anliegen zu Gott komme und mir die Lösung einer Situation vorschwebt. Dann sagt da einfach jemand: „Hast du ein paar Minuten Zeit? Ich möchte mit dir reden." Und es kommt etwas ganz anderes, als ich es erwartet hatte.

Es kann sein, dass Gott einen anderen Weg für mich geplant hat, als ich mir vorgestellt habe. Diese Einsicht verlangt und stiftet eine gewisse Flexibilität. Es muss auch gar nicht alles nach meinen Vorstellungen laufen! Und wenn ich tief in meinem Herzen davon überzeugt bin, dass ich von Gott geliebt bin, kann ich mich vielleicht auch vertrauensvoller auf schwere Wege begeben.

Es gibt einen, der zu mir redet, der es gut mit mir meint, und es ist ein wesentlicher Schritt, dass ich mir von Gott zunächst zeigen lasse, wie er ist und wie er wohl auf meine Situation oder auf die anderer Menschen schaut. Unser Fragen in kritischen Phasen hat fast schon etwas Reflexhaftes: „Wie kann Gott das zulassen?". Eine verkehrte Frage. Wenn ich sie stelle, habe ich den Gott am Kreuz noch nicht verstanden.

Außerdem stellen sich fast alle Menschen in schwierigen Situationen dieselben Fragen: „Wieso ich?", „Was habe ich falsch gemacht?", „Wer ist schuld?"

Muss denn unbedingt jemand Schuld haben? Kann ich nicht auch sagen: „Ich bin bereit, Gutes und Schlechtes anzunehmen, das mir widerfährt, und dabei zu lernen, wer und wie Gott ist"?

Wenn er sich nach meiner Vorstellung des Guten richten muss, bekommt mein absolut guter Gott schnell Schräglage. Gott hat aber nie versprochen, uns vor allem Schweren zu bewahren. Seine Botschaft ist eine andere: „Ich bin immer bei dir und kümmere mich um dich, auch in schwierigen Phasen."

Wir dürfen darauf vertrauen, dass keine unserer Erfahrungen umsonst sind. Im Römerbrief, Kapitel 8, Vers 28, heißt es: „Wir wissen aber, dass denen, die Gott lieben, alle Dinge zum Besten dienen" (LÜ). Das heißt, ich muss auch meine Reifeerfahrungen machen und darf mich von ihnen verändern lassen.

Viele Menschen, die schwere Zeiten in ihrem Leben durchgemacht haben, sagen im Rückblick, dass sie damals viel gelernt haben. Eine schwere Krankheit annehmen, die eigene Endlichkeit realisieren – das kann ein wichtiger Lernprozess sein.

Bei meinem letzten Besuch des Jahrestreffens der benediktinischen Obern und Oberinnen Südafrikas saß ein anglikanischer Geistlicher als Redner vor uns, der Greifprothesen anstelle von Händen und ein künstliches Auge hatte. Er hatte sich in Zimbabwe für Freiheit und Demokratie eingesetzt, bis ihm eines Tages eine explodierende Briefbombe, von seinen politischen Gegnern abgeschickt, beide Hände und ein Auge wegriss. Im Krankenbett erlebte er einen Wandlungsprozess und reist nun in viele Länder, um die Überwindung von Gewalt zu predigen. Als glaubwürdiger Zeuge tut er in seiner jetzigen Situation mehr für den Frieden, als er vorher hätte bewirken können. Darin sieht er seine neue Mission.

Oder ein anderes Beispiel: Mir erzählte kürzlich jemand von einem Vortrag eines knapp 60-jährigen Mannes, der an Multipler Sklerose erkrankt war. Ein Mann wie ein Baum, dynamisch, lebensfroh, tief gläubig. Der sagte: „Natürlich kenne ich auch die Wut, die Verzweiflung, aber irgendwann saß ich da und habe mir gesagt: Du stellst die Frage falsch! Die Frage darf nicht sein: Warum erkranke ich jetzt, warum ausgerechnet ich? Ich kann doch auch mit Dankbarkeit sehen, dass ich fast sechzig Jahre lang vor Gesundheit strotzend durch dieses Leben gehen durfte. Jetzt darf ich vielleicht fragen: *Wozu* passiert mir das?" In seinen Arbeitsjahren hatte er selten Pause gemacht, sich selten hingesetzt und zugehört. Als er darüber nachdachte, bekam er eine Ahnung davon, dass in seiner Krankheit eine Chance liegen könnte, sein Leben wieder bewusster zu leben.

„Warum?" ist manchmal die falsche Frage. „Wozu?" hilft meist viel weiter.

Ähnlich heilsam kann ein veränderter Blickwinkel sein. Wenn beispielsweise bei einem alten Ehepaar ein Partner stirbt, ist das für den anderen oft eine Katastrophe. Der Verlust schmerzt, das ist verständlich. Viele bleiben darin gefangen. Aber man könnte auch denken: „Alles Glück hat einmal ein Ende, und wie froh und dankbar kann ich sein, dass ich fünfzig Jahre mit diesem lieben Menschen verbringen und so viel Schönes mit ihm teilen konnte!"

Es ist eine Form der Selbstbeschneidung, dieses Klammern an Lebensumstände, die sich nur ja nicht verändern dürfen. Dahinter stecken tiefe Urängste, denen wir uns früher oder später ohnehin stellen müssen. Ich glaube sogar, dass man im Bewusstsein der eigenen Endlichkeit sein Leben viel bewusster erleben kann, viel tiefer. Aber natürlich bleibt das emotional immer sehr schwer zu vermitteln.

Ein junger Mann erzählte mir einmal, wie beeindruckt er von einer Beerdigung gekommen war. Die schon etwas ältere Ehefrau des Verstorbenen war wie zu einer Hochzeit in Weiß erschienen. Da war nichts Aufgesetztes dabei. Die Familie hatte bei der Trauerfeier wirklich vermittelt, wie traurig sie ist. Aber sie wollte auch die andere Seite nicht verleugnen: die Freude darüber, dass der Ehemann und Vater, der an Krebs erkrankt war und sehr gelitten hatte, jetzt die Herrlichkeit Gottes erleben durfte. Anschließend gab es keinen trockenen Streuselkuchen, sondern ein leckeres Essen, ein richtiges Festmahl.

Dieser andere Blick auf das Sterben kann bei aller Trauer befreiend sein. Für viele Menschen bedeutet der Tod einfach nur ein Ende, einen ewigen Verlust. Doch für Christen ist das anders. Wir haben die Aussicht darauf, dass nach dem Tod das Beste erst noch kommt! Wenn wir dem Himmel entgegengehen, dann darf man dabei ruhig – ich weiß, es klingt gewöhnungsbedürftig – ein bisschen Freude vermitteln. Dabei sollte man allerdings die Trauer über den Verlust eines geliebten Menschen sehr wohl ernst nehmen.

Wie sagte mal ein alter Abt: „Wir leben auf die Ewigkeit zu, aber die ist noch sehr lange schön. Die kann noch ein bisschen warten."

Mit dem Herzen hören lernen

„Höre, mein Sohn, auf die Weisung des Meisters, neige das Ohr deines Herzens, nimm den Zuspruch des gütigen Vaters willig an und erfülle ihn durch die Tat!", steht in der Benediktsregel ganz am Anfang, im Prolog. Dieses bewusste Hinhören beinhaltet auch eine Offenheit für die Überraschungen, die Gott für uns bereithält. Gerade Menschen, die in enger Verbindung mit ihm leben, entdecken viel Schönes, das andere gar nicht sehen. Sie sind, wie die Medien, nur auf das Negative konzentriert.

Das, was man beim Hinhören entdeckt, muss nicht immer spektakulär sein. Oft ist es sogar wichtiger, kleine Dinge wahrzunehmen und auch zu vermitteln – wenn zum Beispiel ein Kind mit einer schlechten Schulnote heimkommt und man eben nicht laut wird, sondern sagt: „Du, das nächste Mal wird es bestimmt wieder besser. Wir packen das schon! Und das Wichtigste ist doch, dass wir uns haben!" Auf ein Kind zu achten und ihm Mut zu machen kann entscheidender sein als die größten Ereignisse der Weltpolitik.

Wir lassen uns zu wenig von Gott sagen, wer er ist. Das ist in menschlichen Beziehungen ja auch so. Viele Ehen scheitern, weil der andere meine Projektion leben soll. Dann geht es daneben. Das ist der Punkt, über den jede Ehe mal hinweg muss, und eine Ehe wird nur dann glücklich, wenn ich irgendwann erkenne: Der andere ist eine eigenständige Person, auch mit all den Macken, die ich zu Genüge kennengelernt habe. Und ich bin das in den Augen des anderen auch. Können wir uns dann gegenseitig so stehen lassen und trotzdem Liebe zueinander fühlen?

Es gibt auch bei uns Mönchen vielleicht einmal einen mir unsympathischen Mitbruder. Das geht so, bis ich mich intensiver mit ihm befasse, ihn von allen Seiten anschaue, sehe wer er eigentlich ist. Wenn ich seinen Idealismus sehe und die Tatsache, dass auch er die ewigen Gelübde abgelegt hat. Er ist genauso von Gott geliebt wie ich. Das löst viel Schwieriges auf, und dann erst entdecke ich den anderen als ein Geschenk.

Heute bezeichnen wir das als „Achtsamkeit". Gehen Sie achtsam durch Ihr Leben. Richten Sie die Bitte an Gott: „Führe mich achtsam durch mein Leben, damit ich andere anders wahrnehme, meine Umwelt, meine Mitmenschen, meine Arbeit." Das spielt alles mit hinein in einen achtsamen Lebensstil.

Wir müssen uns selbst und anderen gegenüber gnädig sein. Gott macht es uns ja vor, indem er immer vergebungsbereit ist.

Barmherzigkeit neu entdecken

Wenn es keinen barmherzigen Gott gibt, kann ich nicht mehr leben. Ich glaube, jeder, der ehrlich zu sich selbst ist, weiß, dass er in seinem Leben viel Schuld auf sich lädt. Es ist so gut zu wissen, dass Gott uns alles vergibt – auch wenn wir selbst das Gefühl haben, das nicht verdient zu haben. Darum gibt Benedikt den Mönchen mit auf den Weg: „An der Barmherzigkeit Gottes niemals zu verzweifeln ist eine große Aufgabe."

Barmherzigkeit ist ein altmodischer, aber wohltuender Begriff!
Die Vorstellung, Menschen würden barmherzig miteinander
umgehen, treibt manchem die Tränen in die Augen. Die Lebens-
wirklichkeit vieler sieht doch so aus, dass der Chef nicht barm-
herzig mit ihnen umgeht, und der Ehepartner ebenfalls nicht.

„Seid barmherzig, wie euer Vater im Himmel barmherzig ist",
heißt es in der Bibel (Lukas 6,36). In diesem Vers steckt so viel von
dem, wie das Leben sein könnte, wenn wir den Mut hätten, immer
mehr von diesem wohltuenden christlichen Glauben auszuleben.

Die Parallelstelle dazu: „Seid heilig, denn ich bin heilig" (1. Petrus 1,16/3. Mose 19,2); offenbar steht die Heiligkeit mit der Barmherzigkeit in Zusammenhang. „Richtet nicht, damit ihr nicht gerichtet werdet", ist auch so eine klare Anweisung, oder das, was
unser Ordensgründer Benedikt aus der Heiligen Schrift zitiert:
„Das geknickte Rohr wird er nicht zerbrechen" (Matthäus 12,20).
Die Schwachen stärken, den Bedürftigen helfen, einfach für andere Menschen da sein – das sind Erfahrungen, die man mit Geld
nicht aufwiegen kann.

Wenn zwei Parteien miteinander streiten, laden sie beide
Schuld auf sich. Das schaukelt sich gegenseitig hoch, und sie sitzen beide im selben Boot. Sie sind am Schluss beide schuldig geworden, und da ist gegenseitige Vergebung notwendig, aus dem
Bewusstsein heraus, dass es da einen gibt, der auch mir vergibt.
Darum heißt es im Vaterunser: „Vergib uns unsere Schuld, wie
auch wir vergeben unseren Schuldigern."

Bei Gott geht diese Vergebung so weit, wie es das Gleichnis vom
verlorenen Sohn beschreibt. Das sind Glaubensperspektiven! Ein
junger Mensch wird das schwerer nachvollziehen können. Erst
später im Leben wird einem das ganze befreiende Potenzial der
Vergebung bewusst. Nicht, dass es zur Nonchalance wird und ich
tun und lassen kann, was ich will, sondern, dass ich um die Un-
ausweichlichkeit von Fehlern und Schuld weiß.

Gottes Licht ist so groß, dass ich gar keinen Schatten einbringen kann. Gottes Licht deckt alle Sünden zu, alle Schatten. Wenn ich an meiner Schuld oder der anderer an mir festhalte, bleibe ich in der Vergangenheit hängen. Doch diesen Teufelskreis kann man durchbrechen, wenn man die Vergebung Gottes annimmt und weitergibt – und die Schuld loslässt, um sie Gott anzuvertrauen.

Dass er vergibt, das sollte auch die Hauptbotschaft bei der Beichte sein. Ich habe meinen Mitbrüdern, wenn sie in den Beichtstuhl gegangen sind, immer gesagt: „Seid barmherzig; nicht euer Zuspruch ist das Wichtigste, sondern die Lossprechung!" Zu erfahren, mir ist vergeben. Natürlich gilt auch weiterhin die Aussage von Jesus: „Geh hin und sündige nicht mehr!" (Johannes 8,11). Schuldbekenntnis und Vergebung ist keine billige Sache, sondern eine ehrliche. Zuzugeben: „Ich habe gesündigt", und zu erfahren, dass Gott mir doch vergibt – das ist großartig und befreiend.

Das möchte ich all denjenigen sagen, die eine „Zero Tolerance"-Haltung haben. Eine Sünde als solche muss gebrandmarkt werden, sie darf nicht hingenommen werden, aber wenn ich die menschliche Situation, „la condition humaine", kenne, dann ist klar, dass Sünde immer vorkommen wird. Weil wir Menschen sind, machen wir auch Fehler, und heilsam wird es letzten Endes durch die Vergebung. Das ist Befreiung.

Keine Berührungsängste

Vor Gott, vor Jesus müssen wir nichts verbergen. Keine Sünde hält ihn davon ab, sich uns zuzuwenden.

„Ich bin der Weg, die Wahrheit und das Leben", sagt Jesus, und wenn wir auf sein Vorbild schauen, dann ist doch das Faszinierende an ihm, dass er zu den Sündern hingeht. Ja, ich brauche ihn genau da, wo ich weiß, hier habe ich Schuld auf mich geladen.

Jesus hat unbeliebte, fehlerhafte, gesellschaftlich geächtete Menschen aufgesucht und geheilt. Wir reden über einen Gott, der genau da hingeht, wo es weh tut. Wie ein guter Stürmer, mitten in den Strafraum. Er ist kein Schönwettergott. Er ist auch zu den Pharisäern gegangen, hat mit Vorliebe mit Zöllnern und Sünderinnen gegessen. Zusammen zu essen bedeutet im Orientalischen mehr als bei uns, es ist eine Mahlgemeinschaft, damit erkläre ich mich eins mit dem Anderen.

Genau so können wir anderen helfen, die plötzlich in Not geraten. Dienen heißt, mit den Anderen sein. Gemeinschaft und Aufmerksamkeit schenken, damit ich überhaupt aus erster Hand erfahre, wo der Schuh wirklich drückt. Das kann ich immer tun.

Wenn wir uns Gott öffnen und das annehmen, was er uns sagt, auch wenn es vielleicht überraschend ist oder ganz anders als das, was wir erwartet haben, verändert sich unsere Sichtweise. Mehr und mehr werden wir ein Gespür dafür entwickeln, wie unser Leben aus Gottes Perspektive aussehen könnte. Wir weiten dadurch unser Herz und können dem, was uns im Leben passiert, vertrauensvoller entgegentreten.

Dieser veränderte Blickwinkel führt weg vom „Warum?" und hin zum „Wozu?". Die leise Frequenz Gottes zu hören wird nicht nur uns selbst, sondern auch unsere Beziehungen zu anderen Menschen verändern. Barmherzigkeit und Vergebung treten in unser Leben ein. Und auf einmal scheinen uns Dinge gar nicht mehr so unmöglich wie vorher. Das ist Wachsen im Glauben!

Sich leiten lassen

Wie spricht Gott heute zu den Menschen? Wie kann ich mich von Gott ansprechen und führen lassen?

Meine eigene Berufungsgeschichte ist bereits mehrfach veröffentlicht worden, deshalb schreibe ich hier nur ganz kurz, was bei mir im Alter von 14 Jahren passiert ist. Ich wollte eigentlich Lehrer werden, eine Familie haben, und auf einmal brach durch ein Heft, das ich auf dem Dachboden gefunden habe, die Geschichte eines in der Südsee tätigen Missionars in mein Leben hinein. Ich spürte, Jesus Christus braucht mich, das wird mein Lebensweg. Das war wie eine geöffnete Tür, und wenn ich alles heute so im Rückblick anschaue, dann hat Gott mir ganz andere Möglichkeiten eröffnet, als ich sie mir je selbst gesucht oder erahnt hätte.

Es gibt auch heute noch viele Menschen, die sich auf ihrem Lebensweg ganz und gar auf Gott einlassen. Ich darf meine eigenen Vorstellungen haben, sollte mir aber die Offenheit bewahren, dass da letztlich jemand ist, der größer ist als ich. Und wenn der mir etwas ans Herz legt, dann sollte ich durchaus mal genauer hinschauen.

Ich habe mich nie hingesetzt, um eine Strategie zu entwickeln, sondern ich habe die Dinge immer auf mich zukommen lassen, eben so, wie die Herausforderungen irgendwann kamen. Das war mit der Wahl zum Erzabt so; die habe ich angenommen, weil ich zu der Überzeugung kam, das werde jetzt von mir gefordert. Und dann kamen Zen-Buddhisten auf uns zu, die ich selbstverständlich gastfreundlich aufgenommen habe. Daraus entwickelte sich der monastische interreligiöse Dialog. Später kamen die Bauvorhaben in China dazu. China schwebte mir immer schon vor Augen, aber dass einmal solche Projekte auf mich zukommen würden, bis hin zum Bau eines großen Krankenhauses, hätte ich nicht für möglich gehalten. Das ich letzten Endes als Krankenhausplaner, als Verantwortlicher, den ganzen Managementvertrag aushandeln musste, wer hätte das gedacht? Das und vieles andere Unvorhergesehene hat aber mein Leben enorm bereichert.

Das Gespräch mit Gott war und ist mir dabei immer wichtig. Aber nicht nur in der Form, dass ich Gott um seine Leitung bitte. Ich habe immer auch sozusagen mit Gott verhandelt, ein bisschen wie der berühmte Film-Geistliche Don Camillo. Es war zum Beispiel so, dass ich gesagt habe: „Herrgott, ich bin hier in China nicht im Urlaub, sondern ich bin für dich hier. Aber du musst die Türen öffnen."

Ich habe die Aufgaben, die ich bekommen habe, nie aktiv angestrebt; oft blieb mir nichts anderes übrig, als einfach zu tun, was dran war. Nichts von dem, was ich in meinem Leben initiiert habe, entstammte einem Plan, den ich dann ausgeführt hätte. Mein Lebensentwurf bestand eher darin, hinzuhören, mich herausfordern und ansprechen zu lassen.

Sich von Gott ansprechen und führen zu lassen hat ganz viel mit Zulassen zu tun. Viele Menschen sind doch deshalb so gestresst, weil sie so viele eigene Pläne haben. Für sich, für die Firma, für die Kinder, für den Urlaub. Wo stehen wir in fünf Jahren, was fehlt mir gerade heute? Was oft zu dieser schon rein zeitlichen Überforderung führt.

Das sind die Fragen, die auch an mich gerichtet werden: „Wie sieht es bei dir in fünf Jahren aus?" Das weiß ich nicht. Die Frage ist für mich auch uninteressant. Ich bin froh genug, wenn ich die Aufgaben jetzt lösen kann, die ganz unmittelbar auf mich zukommen.

Zum Beispiel habe ich bei den Kloster-Neugründungen über die traditionellen Gebiete hinaus sowohl Widerstand erfahren als auch Unterstützung. Die erste Neugründung eines Klosters war auf den Philippinen. Das Nächste, worauf ich bestanden habe, war die Verwurzelung der europäischen Klöster in Afrika. Das kam mir einfach so, ich sah die Notwendigkeit. Das war dran. Ich habe zugehört und versucht, das Gehörte zu realisieren. Darin zeigt sich Gott. Und dann setzen oft erstaunliche Entwicklungen ein.

Zwei unserer vier großen Abteien in Tansania waren rein europäisch besetzt, und wir kamen an den Punkt, dass wir sagten: In Europa haben wir nicht mehr genug Leute, und die Kolonialzeit ist auch vorbei. Die Missionsstationen sind Pfarreien geworden, gehören jetzt in die Diözesen hinein. Was ist also unsere neue Ordnung? Wir haben ja etwas begonnen, und das können wir nicht einfach so stehen lassen. Also sollten Afrikaner in diesen Betrieben mitwachsen und lernen, wie ein Schusterbub, der bei seinem Vater nicht nur das Handwerk lernt, sondern auch, wie man eine Werkstatt führt.

Als ich vor zwei Jahren zu Besuch in diesen Konventen war, stellte ich fest, dass inzwischen rund zwei Drittel der Mitbrüder, die dort leben, Afrikaner sind. Es läuft gut, und die Afrikaner haben verantwortungsvolle Posten übernommen. Es gab natürlich auch Enttäuschungen, zum Beispiel dass jemand aufgibt. Das kommt aber bei Europäern genauso vor.

Wir kennen in Deutschland den Priestermangel und die Zusammenlegungen von Gemeinden. Das ist in Afrika und Asien anders. Wobei ich sehe, dass die Nachwuchsprobleme auch dort langfristig kommen werden, erst in Korea und dann auf den Philippinen, weil immer weniger Kinder geboren werden.

Im Glauben reifen

Aber es soll ja hier um unsere Beziehung zu Gott gehen. Meine persönliche Erfahrung mag zeigen, dass jeder lernen kann, wahrzunehmen, was ihm aufs Herz gelegt wird. Gehen wir ein bisschen auf Abstand zu allem, was die Welt von uns will – Umsatzsteigerung, Pflichterfüllung. Suchen wir die Stille. Was kommt dann in uns hoch?

Der Glaube ebnet den Weg zu Veränderung und Flexibilität, wo diese für ein Leben in Fülle nötig sind. Dass ich dieses Vertrauen habe, das ist der Weg Gottes. Weniger, dass Gott in meinem Leben haargenau dieses oder jenes möchte. Vielmehr kann man das mit Eltern vergleichen, die ihren Kindern zuschauen, wenn sie heranwachsen, und immer mit ihnen im Gespräch sind. Je älter die Kinder werden, desto mehr Eigenverantwortung haben sie, auch wenn die Eltern sie immer noch begleiten und unterstützen und ihr Bestes im Sinn haben.

Gott ist nicht wie ein Papa oder eine Mama, die alles für ihr kleines Baby entscheiden. Gott nimmt uns ernst in unserer Freiheit und in unserer Verantwortung.

Glücklich kann sich ein Mensch schätzen, wenn er in wichtigen Lebensfragen diese Begleitung Gottes spürt. Manch einer empfindet seinen Job als Berufung, und es ist ein Erlebnis tiefsten Glücks, wenn man seinen Ort im Leben entdeckt. Man weiß manchmal nicht, warum, aber da soll man hin. Für diese Erfahrung darf man dankbar sein.

Aber das gibt es auch anders herum. Du stehst an einer Gabelung, fragst Gott und ... hörst nichts. Gott nimmt unsere Freiheit ernst. Das kann dann an die Situationen erinnern, wenn Eltern ihren Kindern beibringen, Entscheidungen selbst zu treffen. Das gehört zum Erwachsenwerden dazu, und das gilt auch für einen erwachsen werdenden Glauben.

Manchmal muss man seine Kinder an die Hand nehmen und klar sagen: „Da ist der Weg." Es ist ja sogar relativ leicht, mit Gott zu gehen, wenn ich immer wieder ein deutliches Wort von ihm höre. Da kann ich mir gar nicht viel darauf einbilden. Aber manchmal scheint Gott abzuwarten, wie wir uns entscheiden und wie wir die bisherigen Erfahrungen mit ihm in unsere zukünftigen Entscheidungen einfließen lassen.

Im Glauben verhalten wir uns oft noch recht kindlich. Wenn etwas schief geht, ziehen wir sofort Gott zur Rechenschaft und meinen, er kümmere sich zu wenig um uns. Als ob er ständig alle Probleme aus dem Weg räumen müsste.

Wenn Gott etwas sagt, und ich höre darauf, ist das wunderbar. Aber sich im nächsten Schritt vom Infantilismus zu lösen und Eigenverantwortung zu übernehmen bedeutet, ein reifes Verhältnis zu Gott zu haben. Es ist wichtig, diese Reife im Glauben zu entwickeln. Bevor ich sie jedoch erlange, muss ich Wege mit Gott gehen.

In meinen Leben war die Erfahrung sehr wichtig, dass ich gespürt habe, Gott ist präsent oder jetzt bekomme ich ein Wort gesagt, das mir in dieser Situation zugedacht ist. Das ist heutzutage von den meisten Menschen verlernt worden oder wird nicht mehr vermittelt. Ja, wie spricht Gott denn heute zu den Menschen? Und spricht er überhaupt?

Ich habe bei mancher Sympathie auch mit einer gewissen Skepsis den Menschen gegenüber zu kämpfen, die immer ganz konkret wissen, dort und dort spricht Gott haargenau so und so.

Ich weiß nicht, ob man da so sicher sein kann. Ich bin überzeugt, dass damals meine Begegnung mit dem Beispiel des Südseemissionars Pierre Chanel in dem Heftchen, das ich auf dem Dachboden gefunden habe, sehr konkret war. Das war ein Mann, der nach weltlichen Maßstäben in seinem Leben keinen Erfolg hatte. Er war schwächlich, damit konnte ich mich identifizieren.

Als Missionar ging er auf eine Südsee-Insel und wurde vom dortigen Häuptling aus dem Weg geräumt, als dessen Sohn sich taufen lassen wollte. In dem Heftchen wurde geschildert, was er alles durchhalten musste: Würmer essen, für immer weg sein von zu Hause, wie es damals normal war, da gab es gar keinen Kontakt mehr. Aber es lohnte sich aus seiner Sicht trotzdem.

Eines wurde mir beim Lesen klar: Den Erfolg gibt Gott zu seiner Zeit, ich brauche ihn nicht zu sehen. Dieser Mann hatte als Missionar keinen menschlich messbaren „Erfolg" gehabt. Er konnte kaum jemanden taufen, außer ein paar Sterbende. Erfolg gibt Gott zu seiner Zeit. Wir müssen uns also nicht entmutigen lassen, wenn wir die Früchte unseres Weges mit Gott nicht sofort sehen. Wir dürfen darauf vertrauen, dass Gott nach seinem Zeitplan alles gut führt.

Unser modernes Leben ist anders gestrickt. Wir wollen Erfolge sehen, müssen sie vorweisen. Wie entspannend ist es, wenn ich darauf vertrauen darf, dass ich auch dann etwas bewirke, vielleicht im Herzen von anderen, wenn ich nichts sehe. Was ich tue, macht Sinn, aber das Ergebnis bestimme nicht mehr ich und es liegt auch nicht in meinem alleinigen Verantwortungsbereich. Ich versuche, verantwortlich zu handeln, denn ich habe nicht die Freiheit oder die Willkür zu tun, was mir gerade so einfällt. Aber ich weiß: Wenn ich so handle, dann ist Gott mit mir. Er wird es auf seine Weise zum richtigen Ziel führen.

Ähnlich ist es beim Gebet. Die Voraussetzung ist Vertrauen, wenn Sie beispielsweise darum beten, dass Gott bei Ihren Kindern in der Schule ist und ein Auge auf sie hat. Das kann nicht alles verhindern, was Menschen einander antun, aber in mir wächst das Vertrauen, dass meine Kinder keine Erfahrung allein machen müssen.

Überraschend anders

Ich spüre, wie sehr mich diese Haltung des Vertrauens entlastet. Ich stehe nie unter Erfolgszwang. Auch ich habe meine Sorgen und Nöte. Aber ich sage: „Gott, ich habe auch dich." Der Erfolgszwang ist in der Wirtschaft oft sehr ausgeprägt. Insofern habe ich in diesem Fall als Mönch geradezu ein Privileg. Aber diese Haltung kann auch „normal" Berufstätigen einen Weg vermitteln, gesund durch das Leben zu gehen.

Ich habe aber auch eine Verantwortung. Ich kann nicht einfach aussteigen. Ich bin jetzt 70 Jahre alt. Ständig wird mir die Frage gestellt: „Was machst du, wenn du zweiundsiebzig bist? Stellst du dich zur Wiederwahl oder nicht?" Ich hätte gern endlich mehr Ruhe. Aber das kann nicht das zentrale Motiv sein. Ruhe haben zu wollen – was steckt dahinter?

Es könnte Bequemlichkeit sein. Doch „Müßiggang ist der Feind der Seele", hat Benedikt von Nursia gesagt. Der jetzige Papst hat noch im hohen Alter eine enorme Verantwortung übernommen! Beglückend ist dabei aber der tiefe Sinn, den man im Leben behält. Und das kann anhalten, bis das eigene Leben endet.

Wie segensreich wirkte das Sterben von Johannes Paul II., es hat mich zutiefst beeindruckt. Es gab Stimmen, die sagten: „Nehmt den alten, zerbrechlichen Mann aus dem Fernsehen, das kann man ja nicht mit ansehen!"

Aber wie viele Gläubige und Nichtgläubige hat es zuerst irritiert und dann fasziniert, dass dieser Mensch sich in all seiner Gebrechlichkeit zeigte und dabei eine ungeheure Würde ausstrahlte – der Mann, der einmal als der „Unverwüstliche" in der Öffentlichkeit wahrgenommen wurde. Weil er wusste, dass sein Wert nicht durch sein Aussehen oder durch seine kraftvolle Außenwirkung bestimmt ist, sondern durch den innersten Kern, den er von Gott geschenkt bekommen hat. Ich glaube, diese

Botschaft ist bei vielen Menschen angekommen. Wir sehen, auch durch das Beispiel Anderer kann Gott zu mir sprechen.

Eine kleine Geschichte am Rande. Bei den Feierlichkeiten zur Trauerfeier hat der damalige Kardinal Ratzinger auch George W. Bush gebremst, und zwar als die Leute fast bis zur Piazza Venezia anstanden und Präsident Bush für die Zeit seiner Anwesenheit alle Leute aussperren wollte. Das kam für den heutigen Papst Benedikt als obersten Verantwortlichen während der Sedisvakanz damals nicht in Frage. „Wir werden Sie am Hintereingang erwarten und hinein begleiten, und Sie können dort beten, aber Sie können nicht erwarten, dass wir diese ganzen Menschen aussperren", sagte er.

Das ist ein Aufbegehren gegen die political correctness, *weil man vom Herzen her denkt und empfindet.*

Aber zurück zu der Frage, wie Gott heute zu den Menschen spricht. Bei mir war es die auf dem Dachboden gefundene Broschüre. Andere wünschen sich eine klare Ansage. Fast möchte ich sagen: „Warten wir lieber nicht darauf, dass wir eine Stimme von oben hören!"

Ich würde nicht ausschließen, dass „der da oben" auch vernehmbar zu Menschen sprechen *kann*, das steht außer Frage. Die Menschen sind heute vielfach auch für so etwas viel offener als meine kritische Generation. Trotzdem kommt das sehr selten vor. Wobei mir jemand von einer Freundin berichtete, deren realistische Weltsicht er sehr schätzt und die ihm erzählt hat, dass sie einmal die Stimme Gottes gehört hat, die mit ihr sprach. Diese Frau sei sehr weit davon entfernt, eine religiöse Spinnerin zu sein, so mein Bekannter. Und was wäre eigentlich, wenn es noch mehr Menschen geben würde, die so etwas erlebt haben, und die davon berichten würden?

Ich bin überzeugt, die Welt würde anders aussehen. Wenn Sie das erleben wollen, kann ich nur Mut machen, Gott in Ihrem

Leben noch stärker wahrzunehmen, achtsam zu sein. Denn um
Gott zu hören, muss man erst mal ruhig werden. Gott sendet in
der Regel auf einer leisen Frequenz.

Meist wird einem erst im Nachhinein klar, dass Gott an einer bestimmten Stelle in das eigene Leben hineingesprochen hat. Wenn
ich zurückschaue, dann erkenne ich den roten Faden in meinem
Leben. Aber im Vorausschauen ist das nicht so einfach. Ich suche
zum Beispiel gerade einen Cellerar (Verwalter) und finde keinen.
Vielleicht brauche ich eine andere Lösung, vielleicht bin ich auf
dem Holzweg. Vielleicht soll es gar kein Mönch sein, sondern ein
Fachmann mit anderen Begabungen und Kenntnissen.

Fast immer hilft in so einer Situation das Gebet. Viele haben
ja das Gefühl: „Ich kann doch Gott nicht mit meinen kleinen Sachen belästigen", aber warum eigentlich nicht? In der Bibel heißt
es, dass Gott sogar die Haare auf unserem Kopf gezählt hat (Matthäus 10,20). Wir können davon ausgehen, dass so ein Gott sich
für alle Details unseres Lebens interessiert!

Wie schon gesagt, Gott kann auch durch andere Menschen zu
uns reden, mit denen wir vertraute Gemeinschaft haben. Nehmen wir zum Beispiel an, ich habe Finanzsorgen, es läuft nicht
so, wie ich es mir vorgestellt habe. Alle Antworten und Lösungen jetzt nur mit dem eigenen Kopf produzieren zu wollen, das
ist immer der große Fehler. Wenn ich andere Menschen in mein
Leben und meine Fragen mit einbeziehe, kommt immer einer auf
die rettende Idee.

Als wir im letzten Jahr feststellten, dass wir die 416 Fenster
in St. Anselmo, unserer Hochschule und gleichzeitig meinem
Hauptsitz, durch neue ersetzen müssen, war die Frage: „Woher
bekommen wir die hohe Geldsumme, die mit über zwei Millionen veranschlagt ist?" Wir hätten das aufgliedern und jedes
unserer Klöster bitten können, ein oder zwei Fenster zu finanzie-
ren. Aber vielen fehlte auch dieses Geld. Die nächste Idee eines

Mitbruders traf dann ins Schwarze: „Notker, du hast doch nächstes Jahr deinen siebzigsten Geburtstag, und viele werden fragen, was sie dir schenken können. Wenn sie dir aus diesem Anlass etwas für die Fenster geben, das könnte helfen!"

Ich bettele ungern für mich selbst, aber das war ja nicht für mich. Und es ist eine stattliche Summe eingegangen, etwa ein Viertel des Gesamtbetrags! Damit konnten wir das Projekt zumindest in Angriff nehmen. Gott muss nicht allein zu mir reden. Denn mein Leben ist nicht nur meines, sondern es ist untrennbar mit dem vieler anderer verwoben. Der Heilige Benedikt sagt, in allen wichtigen Fragen sollte der Abt *sämtliche* Mitbrüder zusammenrufen und zu Rate ziehen. Und er betont „sämtliche", „weil Gott der Herr oft einem Jüngeren offenbart, was das Bessere ist", von dem wir es wegen seiner vermeintlichen Unerfahrenheit vielleicht am wenigsten erwarten würden.

Auf Gott zu hören kann also auch bedeuten, über Ihre Lebensthemen mit Menschen zu sprechen, denen Sie vertrauen. Es ist sogar sehr oft so, dass Gott durch andere Menschen, die offene Ohren und Herzen für ihn haben, zu uns redet. Wenn jemand in einer solchen Beratung einen ungewöhnlichen Vorschlag einbringt, dürfen wir unsere spontane Abwehrhaltung ruhig einmal aufgeben und für möglich halten, dass dies trotzdem von Gott kommt. Das ist meine Grundhaltung geworden: Die Zukunft von St. Anselmo hängt nicht vom Abtprimas Notker ab. Auch – aber eben nicht nur.

Das ist entlastend – und eine Provokation für unser Wirtschaftssystem. Stellen Sie sich vor, Sie könnten in dem Bewusstsein leben, dass die Zukunft Ihrer Firma, die Zukunft Ihrer Kinder nicht ausschließlich von Ihnen abhängt. Das würde zweifelsohne sehr erleichtern! Wenn Sie einfach sagen: „Herr, ich bin bereit, meine Kraft einzusetzen, und zwar voll und ganz. Aber in dem Bewusstsein: Ich bin nicht allein der, von dem alles abhängt."

Bremsklötze und Stolpersteine

Es gibt vieles, was uns daran hindern kann, Gottes Botschaften wahrzunehmen: die Sorgen des Alltags, der Arbeitsstress, unser Streben nach immer mehr, unser Ehrgeiz, die Umsatzziele, Prüfungsangst und, und, und. Gebe ich Gott eigentlich eine Chance, sich vernehmbar zu machen? Oder lasse ich mich von meinen Geschäften und Sorgen so vereinnahmen, dass kein Raum mehr bleibt? Habe ich noch die Gelegenheit, frei zu sein und zu hören? Wie viel Macht gebe ich anderen über mich? Denn von irgendwo kommt der Druck ja her.

Es ist eine Machtfrage, und die hat ihren tieferen Grund in der Angst um die eigene Identität, um das Ich. Wer bin ich eigentlich? Was habe ich denn zu sagen? Wir meinen, etwas zu verlieren, wenn wir andere in Entscheidungen mit einbeziehen. Das könnte ja so aussehen, als wäre ich nicht mehr selbstständig, als müsste ich mir von andern sagen lassen, was ich zu tun habe.

Das berührt den Kern der Frage meiner Identität: Kann ich nur bestehen, weil ein anderer mir Sinn gibt? Weil ich so in einer Aufgabe aufgehe und mich erfahre? Die Identitätsfrage ist eine wichtige, wenn nicht sogar *die* entscheidende Frage unseres Lebens.

Wer bin ich? Ich bin jemand, weil ich ein Geschöpf Gottes bin, und das mein ganzes Leben lang. Auch die Menschen um mich herum sind seine Geschöpfe, und wir sind füreinander und miteinander zu einer Gemeinschaft berufen, wir sind eben nicht allein. Aus dem Glauben kann ein gesundes Selbstbewusstsein kommen. Ich bin jemand, aber ich bin nicht alles.

Wir Europäer neigen sehr zu Individualismus und Egoismus. Das werfen uns beispielsweise die Chinesen immer wieder vor. Bei ihnen steht der Staat im Vordergrund, das Kollektiv, der Einzelne kommt nicht recht zum Tragen. Im Buddhismus ist das Ziel das totale Aufgehen des Menschen im Kreislauf des Kosmos. Für einen Buddhisten ist unsere Idee von der Selbstverwirklichung kein erstrebenswertes Ziel. Im Grunde genommen müssen wir uns nach buddhistischer Lehre total vom Ich loslösen.

Nach christlicher Auffassung hat Gott jeden Menschen, auch mich, als einzigartige Person erschaffen. Meine Identität habe ich dann wirklich gefunden, wenn ich in meiner Eigenart zur vollen Entfaltung gelange.

In meiner Einzigartigkeit, die mir zum Leben und Teilen in der Welt mitgegeben worden ist, zur vollen Blüte kommen, so könnte man den Sinn des Lebens beschreiben. Alles, was Gott in mir angelegt hat – zu diesem einzigartigen Menschen soll ich werden. Was mich dabei blockiert, sind Ängste und Egoismus. Die greifen immer dort, wo ich meine, mich von Gott trennen zu müssen, um selbstständig zu sein, um ganz zu meiner Selbstentfaltung zu gelangen. Wenn ich sein will wie Gott, anstatt mit Gott zu sein und mich von ihm leiten zu lassen.

Wichtiges wichtig nehmen und Unwichtiges unwichtig

Der heilige Benedikt gibt seinen Mönchen einen nüchterneren und ernüchternden Rat: Sie sollen „den Tod täglich vor Augen haben". Dabei geht es aber nicht um Todessehnsucht oder um Angst vor dem Tod, sondern um die schlichte Frage: Was hält im Angesicht des Todes noch stand? Was zählt für mich im Augenblick des Todes noch?

Mein Geld bleibt zurück, und die Erben werden sich möglicherweise darum streiten. Falls nicht sogar die ganze Familie daran zerbricht. Die Titel stehen auf dem Grabstein geschrieben, und ich kann darunter vermodern.

Es geht bei dieser Aufforderung Benedikts nicht darum, Angst vor dem Tod zu schüren, sondern zu spüren, wie die Tatsache, dass ich irgendwann einmal sterben muss, alles relativiert, dem ich sonst so hinterher renne. Der Blick auf den Tod macht frei!

Eigentlich wissen ja alle Menschen darum und müssten sich auch irgendwann einmal diese Fragen stellen. Dann würden sie erkennen, in wie vielen Bereichen sie sich von falschen Dingen antreiben lassen.

Vielleicht sollten wir einmal aussteigen, nicht in dem Sinne, dass wir weiß Gott wohin fahren, sondern indem wir innerlich Abstand nehmen von unserem Leben, von allem, was uns bewegt, und uns die Zusammenhänge klar machen. Wir können uns bewusst vor Gott stellen und uns fragen:

„Was zählt, wenn ich mir vorstelle, ich würde morgen sterben?"
Niemand wird durch die Anerkennung seines Chefs definiert.
Wir werden definiert durch die Liebe Gottes. Schauen wir auf das, was für unser Leben wirklich wichtig ist, wenn wir uns den eigenen Tod vor Augen halten.

Was würden Sie einem Freund raten, wenn diese Erkenntnis mit der Realität seines Lebens zusammenprallt? Wenn beispielsweise der berufliche Druck so stark ist, dass zu wenig Zeit für die Kinder und die Beziehung zum Ehepartner bleibt? Ich würde ihm raten, sich das deutlich bewusst zu machen und gelassen zu schauen, wie er zu einem besseren Ausgleich kommt, notfalls auch durch eine andere Aufgabe. Wenn Sie feststellen, so, wie Sie heute leben, das ist mit allem, was Ihnen angesichts des Todes wichtig ist, nicht vereinbar, dann hat ein reifer christlicher Glaube auch damit zu tun, im Vertrauen auf Gott eine Entscheidung zu treffen.

Ein komplettes Aussteigen ist meist der falsche Weg, weil wir uns dann letztlich vor der Lösung unserer Probleme drücken. Die Probleme sind da, in jeder Lebensform. Ich muss sie aushalten und auch damit leben können, dass es keinen Idealzustand gibt. Platon fragt sich in seinem Buch „Der Staat", ob seine Idee vom vollkommenen Staat je Wirklichkeit werden wird. Und seine Antwort: „Nein, sonst ist es keine Idee mehr."

Junge Menschen denken noch sehr idealistisch. Daraus entstehen immer wieder Impulse für mehr Gerechtigkeit, für mehr Gleichheit, für mehr Solidarität. Aber irgendwann merken sie, das Leben ist nicht ganz so ideal. Die Realität ist, dass wir Kompromisse eingehen müssen. Das Ideale könnten wir nur leben, wenn wir außerhalb dieser Welt stünden. Ich bin aber in dieser Welt. Hinter dem Gedanken der Klöster steckt ja letztlich auch der Wunsch danach, aus dieser Welt zu fliehen. Aber die Welt holt selbst den Mönch sehr schnell wieder ein.

Seinen Weg mit Gott zu gehen, sich erlösen zu lassen, das bedeutet, loszulassen und das Unvollkommene im Leben zu akzeptieren. Es muss nicht alles an jedem Tag und zu jeder Stunde perfekt sein. Wenn ich das annehmen kann, hört auch das ewige Habenwollen auf.

Das gilt auch im Umgang mit Menschen, mit denen man nicht so kann. Wenn ich vor diesem Problem stehe, sage ich mir: „Gott, du hast diesen Menschen geschaffen, Du kommst mit ihm zurande. Dann werde auch ich das schaffen."

Herzlich gelacht habe ich über die Geschichte eines Studenten, der von einem unausstehlichen Professor berichtete. Der Mann war äußerst unfreundlich und gab den Studenten immer übertrieben schwierige Aufgaben. In einer Vorlesung hatte er mal wieder die Zeit überzogen und brummte den Studenten anschließend noch ein gehöriges Pensum an Literatur bis zum nächsten Mal auf. Es erhob sich ein laut vernehmliches Murren von 400 Studenten. Darauf sagte der Professor: „Was wollen Sie eigentlich? Ich passe Ihnen nicht, richtig? Dabei haben Sie es doch leicht! Sie müssen mich nur eineinhalb Stunden in der Woche aushalten. Ich bin aber die ganze Zeit mit mir zusammen!"

Das ist auch eine Einstellung, dieses Ja zur eigenen Unvollkommenheit. Wenn man sich ab und zu einmal an den Kopf greift und sagt: „Da bin ich aber schön dumm gewesen!" Eine solche Haltung sich selbst gegenüber hilft dabei, zur Begrenztheit der Welt Ja sagen zu können – die Welt ist nun einmal nicht der Himmel.

Wer bestimmt meinen Wert?

Wie kann ich ein solches Denken Kindern näher bringen? Kinder können mitunter sehr grausam sein. In vielen Schulen gilt es als unverzichtbar, Markenklamotten zu tragen, sportlich und stark zu sein. Das schafft Anerkennung und Akzeptanz. Wie können wir unseren Kindern zumindest eine Ahnung davon ins Herz legen, dass es nicht darauf ankommt? Dass sie wissen dürfen: „Du bist geliebt, auch wenn jemand in deiner Klasse sagt, du seist zu dick oder zu unsportlich."

Natürlich gibt es immer zwei Seiten. Kinder müssen wissen, dass sie bedingungslos angenommen sind. Als Eltern hat man aber auch die Verantwortung, sie zu fördern und zu fordern und ihnen manchmal zu sagen: „So geht es nicht, so kannst du dein Leben nicht bewältigen."

Ich habe vor Kurzem im Fernsehen eine Sendung gesehen, in der es um arbeitslose Jugendliche ging. Die Inhaberin einer Tierhandlung stellte einen jungen Mann probeweise für einen Tag ein. Wie der sich benommen hat gegenüber den Kunden, das war unglaublich. Er war unfreundlich, stellte sich dumm, räumte nichts zurück in die Regale usw. Am Abend nahm ihn sich die Ladenbesitzerin zur Brust: „Schau mal, wie sollte ich dich hier eigentlich anstellen? Du vertreibst mir ja die Kunden. Wovon soll ich dich dann bezahlen?" Ob er es verstanden hat, wurde nicht gezeigt.

Eine Konfrontation ist manchmal nötig, damit Jugendliche lernen: Im Leben gibt es nichts geschenkt. Wenn sie sich etwas wünschen, müssen sie lernen, darauf zu warten und etwas dafür zu investieren, und es ist nicht gesagt, dass sie es überhaupt bekommen. Aber es gehört im Leben dazu, zu erkennen: „Es gibt erstens nicht alles, was ich will, und zweitens nicht sofort in dem Moment, in dem der Wunsch hochkommt." *Frustrationstoleranz* nennt man das seit den 1968-er Jahren, und jeder Mensch muss es lernen. Zuerst werden die Hausaufgaben gemacht, und danach geht es hinaus zum Spielen.

Erwachsenwerden hat auch etwas mit dem Besiegen der eigenen Infantilität zu tun. Solange ich blind hinter dem her jage, was ich unbedingt haben will, lebe ich womöglich an meiner eigentlichen Bestimmung vorbei und stehe ständig unter Druck. Habe ich dagegen gelernt, dass ich vieles einfach nicht bekommen werde, kann ich meine Wünsche besser relativieren und für mich klären, ob sie wirklich so entscheidend für mein Lebensglück sind.

Mit welchem Anspruch trete ich eigentlich dem Leben gegenüber? Muss wirklich alles noch eine Nummer größer sein? Das Auto beispielsweise – während ein Großteil der Weltbevölkerung überhaupt nie ein Auto besitzen wird.

Es lohnt sich, Kindern dieses Fundament zu vermitteln, damit in ihnen eine Spur gelegt wird, mit weniger Ballast durch ihr Leben zu gehen. Wir brauchen für unsere Kinder vor allem eines: Zeit. Viele Fragen müssen mit Kindern durchdiskutiert werden, zum Beispiel eben auch die Frage nach den Markenklamotten: „Was hast du davon, wenn du die Jeans oder Schuhe trägst, die alle haben? Eigentlich bist du doch dann gar nicht mehr individuell, nicht mehr du selbst! Du bist nur noch einer unter vielen."

Dann wird das Kind vielleicht sagen: „Aber die anderen schauen mich schief an, wenn ich das nicht mitmache."

Jeder junge Mensch muss begreifen: „Mein Wert wird nicht von dem bestimmt, was die andern sagen und denken und was ich habe oder darstelle. Ich brauche das nicht."

Sonst kommt man aus dieser Abhängigkeit von den Vorgaben anderer sein Leben lang nicht heraus. Wenn man eine Gelegenheit bekommt, mit seinen Kindern über dieses Thema offen reden zu können, darf man diese nicht verpassen. Was für eine Chance, wenn Sie Ihrem Kind vermitteln können: „Pass mal auf: Wenn du zu einem Mitläufer wirst, wird dein Leben fremdbestimmt. Vielleicht ist es wirklich so, dass du Anerkennung bekommst, weil du immer *up to date* in deiner Kleidung bist. Aber mach dir klar, dass das nie aufhört. Wenn du etwas tust, damit andere dir Anerkennung geben, dann hast du ein unglückliches Leben vor dir, denn du hängst immer von anderen ab; sie können nach Gutdünken über deinen Wert bestimmen. Frei bist du auf jeden Fall dann nicht."

Man darf das selbstverständlich nicht ständig thematisieren, dann erreicht man genau das Gegenteil. Aber manchmal gibt es ja solche Momente, da merkt man: Was ich jetzt sage, kommt an.

Als ich mich entschloss, Missionar und Benediktiner zu werden, da trat natürlich die bange Frage auf: „Was werden die Leute sagen?", und meine Lehrer an der Oberrealschule meinten alle: „Jetzt mach doch zuerst die Schule fertig. Dann kannst du dir das immer noch überlegen."

Nein, für mich war es selbstverständlich, dahinter zu stehen und zu sagen: „Das will ich. Das habe ich mir in den Kopf gesetzt."

Ich musste mich zeit meines Lebens immer wieder gegen die Vorstellungen anderer durchsetzen, und das hat dazu geführt, dass ich irgendwann keinem Rollenzwang mehr unterlag. Darüber bin ich froh.

Eine allzu kritische Begleitung der Eltern dürfte gerade in der Pubertät zu Schwierigkeiten führen. Ja, Kinder brauchen ihre

Grenzen. Wir müssen ihnen aber die Freiheit lassen, Dinge zu tun, an denen sie sich ausprobieren dürfen. Kinder müssen auch mal ausflippen dürfen. Wenn ein Jugendlicher sagt: „Jetzt will ich einfach mal so herumlaufen, ich möchte das mal ausprobieren" – warum eigentlich nicht?

Ein junger Mensch kann sich nur entwickeln, indem er sich selbst ausprobiert. Eltern können Leitplanken setzen, die Kinder im Ernstfall vor dem Absturz schützen. Aber ihren Weg müssen die Kinder selbst gehen.

Ist das mit unserem Glauben nicht ähnlich? Die Entwicklungsstufen, durch die ein Kind geht, durchwandert man die nicht auch in seinem Glauben?

„Wenn ihr nicht umkehrt und wie die Kinder werdet, könnt ihr nicht in das Himmelreich kommen", heißt es in der Bibel (Matthäus 18,3). Es geht darum, sich die kindliche Frische und Unbefangenheit gegenüber dem Leben zu bewahren, diese Angstfreiheit, die ein Kind hat. Trotzdem wird ein Kind nicht sagen: „Ich springe vom Kirchturm, weil Gott mich schon beschützen wird."

Ein Mitbruder – er ist schon lange tot – hat mir einmal erzählt, wie er als junger Mönch seinen Glauben testen wollte: Er wollte in unserem Klosterweiher übers Wasser gehen … und ist natürlich hineingefallen. Klatschnass ist er dann ins Kloster zurückgekehrt und hat überall eine Wasserspur hinterlassen. Dafür musste er dann eine so genannte „Bodensuppe" essen, eine frühere Strafmaßnahme in den Klöstern. Vor dem Amtstisch stand ein Stuhl mit einem Suppenteller; davor musste man knien und so die Suppe löffeln. Das war das Ergebnis seines Glaubenstests.

Kinder fühlen sich anfangs im Schutz ihrer Eltern wohl; dann kommt die Pubertät, die man als Phase der Abgrenzung braucht, um eine eigenständige Person zu werden, um sich selbst zu entdecken. Für das Glaubensleben kann man jedem Menschen nur wünschen, dass er auch seine ganz eigenen Entdeckungen macht. Es wird und sollte Phasen geben, in denen man sich in Glaubensfragen ausprobieren und finden muss, natürlich innerhalb bestimmter Grenzen. Wir wollen ja nicht jedem Ammenmärchen glauben.

Wenn wir diesen Weg gehen, müssen wir es machen wie ein Kind: Vertrauen wir kundigen Begleitern, Menschen, die uns beschützen auf diesem Weg. Haben wir den Mut, dann und wann auszubrechen! Haben wir den Mut, Zweifel durchaus zuzulassen. Das ist ganz normal, und irgendwann finden wir zu einer inneren Gewissheit für einen bestimmten Weg.

Reifen im Glauben

Trotzdem ist der Glaube keine Selbstverständlichkeit. Der Mensch muss auch in seinem Glauben wachsen. Und das kann ein mühsamer Prozess sein. Mutter Teresa von Kalkutta war zeitlebens als glaubensstarke Frau bekannt; doch dass ihr großartiger Einsatz für die Ärmsten der Armen von tiefen Glaubenszweifeln begleitet war, erfuhren wir erst aus den Briefen, die nach ihrem Tod veröffentlicht wurden. Immer wieder wurde sie von Zweifeln geplagt. Johannes vom Kreuz sprach ebenso wie Theresa von Avila von der „geistigen Finsternis", von der „Nacht des Geistes", die gerade Mystiker auf ihrem Weg zu Gott oft durchschreiten müssen, um geläutert zu werden.

Maria, die Mutter Jesu, die manchmal überschwänglich gepriesen wird, musste ebenfalls diesen Weg gehen. Die Ankündigung des Engels hat sie sicher sehr verunsichert, und sie war auch nicht bereit, so ohne Weiteres das Gesagte anzunehmen. Erst nachdem ihre Frage beantwortet worden war, hat sie ihr Ja-Wort gesprochen, sich ganz Gott gegenüber geöffnet.

Viele Menschen, vor allem Protestanten, haben erhebliche Probleme mit der katholischen Marienverehrung. Aber wenn wir Maria genauer betrachten, dann war auch ihr nichts Menschliches fremd. Sie hat Jesus neun Monate unter ihrem Herzen getragen und die Nöte einer Schwangerschaft durchgemacht. Sie hat noch einmal die ganze Tragweite ihrer Berufung und ihres Ja-Worts erfahren, als sie zu ihrer ebenfalls schwangeren Cousine Elisabeth ging. Die Begegnung der beiden Frauen ist in der Kunstgeschichte mehrfach mit großer Sensibilität dargestellt worden, wie sie auch aus dem Text des Lukas-Evangeliums spricht. „Mir geschehe, wie du es gesagt hast" (Lukas 1,38) war ihr entscheidender Satz. Was auf der einen Seite für Maria ein Sprung ins Ungewisse war, wurde andererseits durch dieses Vertrauen auch zu einer Entlastung.

Jeder muss für sein Leben die Verantwortung übernehmen. Aber wenn ich zu den leisen Impulsen Gottes Ja sagen kann, weiß ich, dass ich nicht allein dastehe, sondern Teil eines größeren Plans bin. Das hilft, auch wenn meine Lebenssituation dadurch nicht unbedingt einfacher wird.

Maria hat im Laufe ihres weiteren Lebens hier noch viel dazugelernt und dabei einiges durchleiden müssen. Das Leben durch den Glauben hat einen tiefen Sinn, wird aber nicht unbedingt bequem.

„Mir geschehe, wie du es gesagt hast": Wer das annimmt, wird leichter Ja zu dem sagen können, was er als Gottes Weg für sein Leben sieht. Im Vertrauen darauf, dass Gott bei uns ist und dass das alles so sein soll. Wenn sich Menschen dafür entscheiden, ist das immer wieder faszinierend.

Das Unvollkommene im eigenen Leben anzunehmen kann befreien. Seinen Weg zu gehen, auch gegen Widerstände und Probleme, auch wenn ihn viele Menschen nicht verstehen – das ist ein Lernprozess. Wenn man jung ist, ist man vielleicht noch eher dazu fähig, Dinge zu akzeptieren.

Auch in meiner Berufsentscheidung damals spielte jugendlicher Idealismus eine große Rolle. Jetzt, da ich älter werde, wäge ich mehr ab, habe mehr Bedenken. Und doch ist das Ganze auch ein Reifeprozess.

Der christliche Glaube bietet bestimmt eine der besten Lebensalternativen. Er führt Menschen zu ihrer tiefsten Bestimmung und damit auch zum inneren Frieden.

Wenn man die Bibel genauer liest, ist der Christenheit als Ganzes keine triumphale, problemlose Zukunft verheißen. Christen wurden immer wieder verfolgt, und sie werden es gerade auch in unserer Zeit wieder. Dabei wollen die Christen genauso in Freiheit leben und anerkannt werden wie andere Menschen.

Vielleicht müssen sie jetzt erfahren, was Verfolgung bedeutet, nachdem sie in vergangenen Jahrhunderten selbst viele Menschen unterdrückt und verfolgt haben. Die Kirchengeschichte wird ein Auf und Ab bleiben, gekennzeichnet durch Versagen, aber auch durch großartige Menschen. Es ist durchaus nicht gesagt, dass die Kirche in der Zukunft im Westen weiterhin ihren Einfluss behalten wird, wie es lange Zeit der Fall war.

Viele fürchten einen Bedeutungsverlust. Letzten Endes geht es aber nicht um große Zahlen und auch nicht um Macht oder Einfluss.

Die Bedeutung der Kirche besteht darin, die Liebe Gottes und seine Zuwendung zu den Menschen glaubwürdig zu vermitteln.

Das ist eine große Herausforderung an die Kirche, selbst diese Liebe zu leben. Auch der Glaube der Kirche als Ganzes unterliegt einem Reifeprozess; immer wieder bedarf sie der Läuterung, um innerlich zu wachsen.

Die Liebe ist der Weg

Die Vermittlung der Liebe Gottes gehört in den Mittelpunkt eines jeden Menschenlebens und ins Zentrum christlichen und kirchlichen Handelns. Sie geschieht nicht durch das Wort allein, sie vollzieht sich vor allem in der Tat, im Dienst am anderen. Die eben erwähnte Mutter Teresa hat das augenfällig bewiesen.

Ein Bekannter erzählte mir von seinem Besuch in Indien. Er war von einer christlichen Kinderhilfsorganisation eingeladen worden und berichtete: „Da spüren Sie gelebte Liebe. Da gehen Mitarbeiter in die schlimmsten Slums. Ich bin mitgegangen und war tief beeindruckt. Das zentrale Motiv ihres Handelns war die Liebe zum Menschen, eine Liebe, die aus ihrem Glauben kam. Ich habe noch nie in meinem Leben jemanden so hingebungsvoll beten sehen wie die indischen Kinder dort in einem Gottesdienst. Hinterher kamen drei zehn- oder elfjährige Mädchen zu mir und fragten mich, ob es irgendetwas gibt, was mich belastet; sie würden dann gerne für mich beten. Wer würde bei uns in Deutschland auf die Idee kommen zu fragen: ‚Gibt es etwas bei dir, für das wir beten können?' Dort wird der Glaube gelebt. Er wird spürbar in der Liebe zu anderen Menschen, er wird spürbar im Gebet füreinander sowie im liebevollen Begleiten."

Der Glaube entfaltet sich, wenn er in seiner ganzen Liebe, all seiner Schönheit und der ganzen Kraft des Miteinanders gelebt wird. Diese Beispiele lassen mich erahnen, unter was für einem weiten Himmel wir wohnen könnten!

Eines Abends schrieb mir ein Mann eine E-Mail und eine halbe Stunde später noch einmal. Er kam mit seiner Frau nicht mehr klar. Er erwartete von mir aber nicht die Lösung der Probleme, sondern er bat mich einfach darum, für ihn zu beten. Das war ehrlich, und ich habe ihn gern im Gebet der Führung Gottes anvertraut.

Jeder kann seinen persönlichen Weg finden, mehr Liebe zuzulassen. Wie weit lasse ich Dinge an mich heran, fühle ich mich ein und schaue, wo der Weg Gottes für mich ist? Wie weit bin ich bereit, mich aus Liebe zum Menschen und zur Natur in etwas einzubringen?

Das Herz wird größer, oder um es mit den Worten Benedikts zu sagen: „es weitet sich", wenn wir die Wege Gottes gehen. Sie führen zum Menschen. Menschen voller selbstloser Liebe werden glücklich.

Zweifel zulassen

Doch gibt es auch die Zweifel, über die wir nicht gern sprechen, die wir aber auch nicht aussparen dürfen. Wie gehen wir damit um?

Jeder, der sich dem christlichen Glauben zuwendet, wird irgendwann mit Zweifeln konfrontiert. Bei manchen Predigten kommt mir die Frage: „Glaubt der das eigentlich alles selbst?" Zweifel sind nicht verboten, sie können hilfreich sein und führen uns weiter. Zweifeln gehört zum Glauben, sowie die Unsicherheit zur Liebe gehört.

Wir können Gott nicht sehen oder fühlen. Doch es gibt viele Dinge zwischen Himmel und Erde, die wir nicht sehen können, die es aber trotzdem gibt, wie Liebe, Werte, Luft oder sogar Telepathie. Diese Dinge kann man ebenso wenig „beweisen" wie die Existenz Gottes. Trotzdem würde niemand anzweifeln, dass sie real sind. Höchstens bei der Telepathie hätten manche Bedenken.

Es gibt auch so genannte „Gottesbeweise". Sie sind aber keine Beweise im naturwissenschaftlichen Sinne, denn sonst „müsste" ich ja glauben; aber dann wäre es kein Glauben mehr, sondern Wissen. Auf welchem Fundament kann der Glaube dann stehen?

Glauben bedeutet Vertrauen. Ich vertraue letzten Endes Jesus und seinen Zeugen, den Zeugen, die von ihm berichten. In Jesus ist einer da gewesen, der das Leben mit uns geteilt hat. Und er hat gleichzeitig eine über das Leben hinausgehende Perspektive eröffnet. Er sprach von einer ganz anderen Wahrheit des Lebens und von einer ganz anderen, selbstlosen Form der Liebe, und schließlich führte er in letzter Konsequenz aus, was er gesagt und gepredigt hat, indem er am Kreuz gestorben ist.

Es war niemand bei der Auferstehung dabei. Sie ist kein „weltliches" Geschehen. Doch Jesus ist nach seiner Auferstehung vielen Menschen als Lebendiger begegnet. Und dieser Jesus lebt und kann uns auch heute noch begegnen. In der liebenden Zuwendung eines anderen Menschen, in Gottesdiensten, in der Musik, in seinem Wort spricht er zu uns. So ist und bleibt er in verschiedenster Weise gegenwärtig, aber er ist nie direkt greifbar.

„Halte mich nicht fest", sagt Jesus zu Maria Magdalena, als sie dem Auferstandenen im Garten begegnet (Johannes 20,17). Sie alle wollten ihn gerne berühren und festhalten, doch das war nicht möglich.

Es gilt, Gott Gott sein zu lassen. Wenn es einen Gott gibt, dann ist er so groß, dass ich ihn nicht begreifen kann. Oder andersherum: Wenn wir Gott begreifen könnten, wäre er zu klein, um Gott zu sein.

Wir wollen zu gern bestimmen, wie Gott zu sein hat. Viele relativieren auch Jesus und sagen: „Er war ein beeindruckender Mensch, aber das mit der Auferstehung, das ist doch ein bisschen übertrieben. Es werden ihn einfach einige Freunde aus dem Grab genommen haben. Warum müsst ihr Christen das so erhöhen und könnt ihn nicht einfach als Mensch stehen lassen?" Diese Vermutung kam übrigens auch schon damals gleich nach seiner Auferstehung auf.

Doch an diesem Punkt kommen wir eben nicht vorbei. Vieles

von dem, was Jesus gesagt hat, würde hinfällig, wenn er nicht der Sohn Gottes gewesen und auferstanden wäre. Dann wäre er einen völlig sinnlosen Tod gestorben, oder wie der heilige Paulus in seinem ersten Brief an die Korinther sagt: „Wenn Christus nicht auferweckt geworden ist, dann ist euer Glaube nutzlos, und ihr seid immer noch in euren Sünden; und auch die in Christus entschlafen, sind ganz verloren. Wenn wir unsere Hoffnung nur in diesem Leben auf Christus gesetzt haben, sind wir erbärmlicher dran als alle anderen Menschen" (1 Korinther 15,17–19).

Das Übernatürliche mag unsere Vorstellungskraft übersteigen, und damit stehen wir nicht allein da. Schauen wir noch einmal zurück zu den berührenden Situationen, wenn in den Berichten der Bibel seinen Weggefährten die Augen geöffnet wurden. Denn das kann uns auch heute passieren, und diese Erlebnisse haben die Kraft, alle Zweifel zu überwinden.

Wir verlassen uns in vielen Zusammenhängen auf Zeugenaussagen. Auch damals gab es schon viele Stimmen, die die Auferstehung angezweifelt haben. Das wissen wir aus dem Matthäus-Evangelium. Der Auferstehungsglaube war nicht selbstverständlich. Selbst die Jünger konnten es ja zunächst nicht glauben. Sie waren total verunsichert, haben sich verkrochen und Hintertüren versperrt aus Angst, auch sie könnten verfolgt werden. Thomas sagte sogar: „Ich glaube es erst, wenn ich die Hand in seine Seite gelegt habe." Da trat Jesus in den verschlossenen Raum in die Mitte seiner Jünger und gab Thomas die Gelegenheit dazu (Johannes 20,24 ff.).

Der italienische Barockmaler Caravaggio hat auf einem Gemälde eindrucksvoll dargestellt, wie Thomas sich ganz nah an diese Seitenwunde begibt und sie mit seinen Fingern überprüft, und wie die anderen Apostel ihm ganz genau zusehen.

Die Bibel ist nicht nur ein Bericht über das, was sich ereignet hat. Wir können nachlesen und nachspüren, was zwischen den

Zeilen steht. Die Tür war verschlossen, und Jesus war plötzlich da. In einer anderen Begegnung hat er mit den Jüngern am See gegessen. Es gibt mehrere Auferstehungsberichte. Sie alle beinhalten etwas eigenartig Geheimnisvolles. Meist erkennen die Jünger Jesus nicht, obwohl sie doch so lange Zeit mit ihm zusammen waren. Er ist da und gleichzeitig schon weg, wie bei der Begegnung mit den Emmausjüngern. Er geht mit ihnen ein Stück des Weges und fragt nach den Ereignissen in Jerusalem, und sie erkennen ihn nicht; erst beim Brot brechen „gingen ihnen die Augen auf, und sie erkannten ihn; dann sahen sie ihn nicht mehr. Und sie sagten zueinander: Brannte uns nicht das Herz in der Brust, als er unterwegs mit uns redete und uns den Sinn der Schrift erschloss?" (Lukas 24,31–32). Er war in anderer Gestalt unterwegs als vorher, und so erschien es den Jüngern, als ob ihre Augen verblendet gewesen seien.

Wenn ich nur von meinem Sehvermögen ausgehe und auf mein logisches Wissen baue, dann brauche ich nicht mehr zu glauben, dann brauche ich nicht mehr zu vertrauen. Denn dann bin ich selbst der Maßstab meines Glaubens.

Bereichernde Vielfalt

Zweifel können auch in einem aufsteigen, wenn man die Situation der Ökumene betrachtet. Es ist verständlich, dass jede Seite darauf beharrt, die Wahrheit zu vermitteln. Aber die Diskrepanz ist trotz aller ökumenischen Gespräche in einzelnen Punkten doch recht groß. Selbst die Theologen der einzelnen Fakultäten sind oft unter sich uneins. Der eine sagt, Wundergeschichten müsse man tiefenpsychologisch deuten, ein anderer möchte die Auferstehung Christi nur mehr im übertragenen Sinne verstehen, andere hingegen wortwörtlich. Menschen, die sich dem christlichen

Glauben (wieder) annähern wollen, können schnell verunsichert werden. Nicht zuletzt kommt es auch darauf an, in welcher Glaubensgemeinschaft, in welcher Gemeinde jemand aufwächst und seine Sozialisation erfährt. Das wird ihn zeitlebens prägen.

Andererseits sind die ökumenischen Gespräche durchaus weitergekommen. Aber ob wir wirklich zu einer Einheit finden werden, steht noch in den Sternen. Letztlich ist sie ein Geschenk des Geistes Gottes selbst. Vielleicht haben wir aber auch eine falsche Vorstellung von Einheit. Wir meinen, Einheit bestünde dann, wenn wir einen Vertrag unterzeichnen und hoffen, dass danach alle dasselbe glauben, etwa so wie es bei der Unterzeichnung der Erklärung zur christlichen Rechtfertigungslehre geschehen ist. Das sagt aber noch lange nicht, dass dann tatsächlich alle dasselbe glauben.

Das war selbst zu Zeiten des Neuen Testaments nicht viel anders. Es gibt einfach viel zu viele verschiedene christliche Glaubensrichtungen, von den Katholiken über die Protestanten zu den Evangelikalen, von den Freikirchen und Splittergruppen gar nicht zu reden. In Südafrika sind Tausende christlicher Gruppierungen als Kirchen registriert. Wie wollen wir da zu einer vertraglich geregelten Einheit gelangen?

Und doch bleibt es faszinierend, dass sie von außen alle als Christen wahrgenommen werden. Ein Buddhist, der sich dem Christentum zuwenden will, mag vielleicht durch diese Vielfalt verunsichert sein, aber er wird feststellen: In all diesen Konfessionen und Gruppierungen wird ein Zeugnis für Christus abgegeben.

Vor einiger Zeit habe ich die Geschichte der Mennoniten studiert und war sehr angetan von ihrem Leben und ihrem Glauben. Vieles sehe ich natürlich theologisch anders, aber wir sind uns auch in vielen Punkten einig, und vor allem können wir miteinander ein Zeugnis für Christus in dieser Welt abgeben, ein Zeugnis der Liebe und in diesem Fall besonders des Friedens. Denn die Mennoniten treten in beeindruckender Weise für den Frieden ein, und ich wurde des Öfteren an Papst Johannes Paul II. erinnert, der ja auch ein Pazifist geworden ist und sich massiv gegen einen Krieg im Irak eingesetzt hat. Seine Quintessenz lautete: „Jeder Krieg ist eine Niederlage für die Menschheit."

Es gibt, wie gesagt, schon im Neuen Testament unterschiedliche theologische Ausrichtungen. Mein Professor für das Neue Testament, Otto Kuss, betitelte seine Einführungsvorlesung mit der Überschrift: „Theologen und Theologien im Neuen Testament."

Ein Johannes-Evangelist schreibt anders als ein Lukas-Evangelist. Ersterer möchte seiner Gemeinde die Präsenz Gottes in Jesus Christus vermitteln, es geht ihm um die Annahme Christi und die Erfahrung seiner Gegenwart; letzterer stellt sich besonders auf die Seite der Armen und liebt es geradezu, die Reichen zu provozieren. Dem Matthäus-Evangelisten geht es in den großen Reden Jesu um das christliche Leben in der Gemeinde.

Das ist keineswegs ungewöhnlich. Bei jedem Thema, das Menschen in ihrem Leben bewegt, gibt es verschiedene Zugänge, setzt man unterschiedliche Schwerpunkte. Bei Beziehungen mag es der eine romantisch, der andere sieht es eher pragmatisch. Gefühlsmenschen leben ihre Liebe anders aus als Verstandesmenschen. Auch da kann man nicht sagen, dass das eine besser sei als das andere. Wir haben verschiedene Auffassungen vom Leben; ich muss eben meinen ganz persönlichen Zugang finden, um meine Anlagen am besten entfalten zu können.

So verwundert es auch nicht, dass ein Mann wie Jesus von unterschiedlichen Menschen verschiedenartig wahrgenommen wird. Vergleichen wir dazu nur die Bücher, die im Mozartjahr 1991 anlässlich seines 200. Todestages über diesen großartigen Komponisten geschrieben worden sind. Da wurden ganz unterschiedliche Bilder von ihm gezeichnet. Dabei ist Mozart unserer Zeit viel näher, und wir wissen geschichtlich viel mehr über ihn als über Jesus – und trotzdem gibt es so viele unterschiedliche Interpretationen.

Deshalb sollte man verschiedene Zugänge nicht als Bedrohung ansehen, sondern für sich selbst als Möglichkeit wahrnehmen, seinen eigenen Standpunkt zu finden, den Zugang erkennen, der für einen selbst am besten ist, ohne damit andere abwerten zu wollen. Das setzt natürlich voraus, dass ich nach der Wahrheit suche, und die Antwort wird immer wieder unterschiedlich ausfallen. Auch das gehört nun einmal zum Leben des Menschen dazu.

Ich kenne einen Katholiken, der seinen freikirchlichen Freunden etwas über die Bedeutung des Aschermittwochs für Katholiken erzählte. Der Aschermittwoch ist der ganz bewusste Beginn der Fastenzeit, der dazu dienen soll, sich auf die nächsten 40 Tage einzustellen. Die katholischen Traditionen helfen diesem Mann dabei. Und einer der Freunde sagte dann: „Das wäre in der Tat eine Bereicherung für unseren Glauben, wenn auch wir die Fastenzeit so beginnen würden."

So fängt das Brückenbauen zwischen unterschiedlichen Glaubensrichtungen an. Es gibt dann keinen Grund, wegen theologischer Differenzen Zweifel und Unsicherheit aufkommen zu lassen oder gar zu säen.

Jesus sagt im Neuen Testament über einige Leute, die in seinem Namen Dämonen austreiben, ohne „offiziell" zu ihm zu gehören: „Keiner, der in meinem Namen Wunder tut, kann so leicht schlecht von mir reden. Denn wer nicht gegen uns ist, der ist für uns. Wer euch auch nur einen Becher Wasser zu trinken gibt, weil ihr zu Christus gehört – amen, ich sage euch: er wird nicht um seinen Lohn kommen" (Markus 9,39–41).

Dieses Wort Jesu ist eigentlich die Grundlage für ökumenisches Denken!

Wenn ich das Neue Testament lese, die Johannes-Briefe oder die Paulus-Briefe, dann finde ich schon die allerersten Auseinandersetzungen, zum Beispiel den Kampf gegen Irrlehren. Eine andere große Frage lautete: Wer war Jesus Christus wirklich? Das wird immer wieder thematisiert, und ist auch heute noch die große Frage. Hat er wirklich das Heil gestiftet, wenn ja, wie, und was ist die Konsequenz daraus?

Paulus hat gesagt, dass die Schwachheit des Kreuzes unsere Stärke ist (1 Korinther 1,22 ff.): „Die Juden fordern Zeichen, die Griechen suchen Weisheit. Wir dagegen verkündigen Christus als den Gekreuzigten: für Juden ein empörendes Ärgernis, für Heiden eine Torheit, für die Berufenen aber, Juden wie Griechen, Christus, Gottes Kraft und Gottes Weisheit. Denn das Törichte an Gott ist weiser als die Menschen und das Schwache an Gott ist stärker als die Menschen."

Unterschiede, Zweifel und Unsicherheiten wird es immer geben. Wenn wir absolute Gewissheit haben wollen, werden wir nie glauben können. Dann ist es auch kein Glaube. Und damit wird es auch weiterhin die Unterschiede in den Auslegungen geben.

Wüstenerfahrungen

Glauben ist etwas anderes als Wissen; aber das bedeutet nicht, gar nichts zu wissen, sondern es heißt, im Vertrauen auf jemandem etwas anzunehmen, was man prinzipiell nicht sicher wissen kann. Man kann das auch mit der Liebe zu einem anderen Menschen vergleichen. In einer Ehe gibt es Zeiten, da läuft es nicht so gut, und dann tauchen auch Zweifel auf. Trotzdem weiß man, wo man hingehört, und dieses Grundgefühl sagt dem Betreffenden: Ich kann auch durch eine Zeit des Zweifels hindurchgehen, ohne gleich alles hinzuwerfen.

Dieser Zustand wird in der geistlichen Literatur immer wieder als „Wüstenzeit" beschrieben. Auch Gläubige erleben solche Zeiten des Zweifels und der Stagnation. Selbst die großen Mystiker kannten das.

Wenn Menschen diese „dunkle Nacht" im Glauben erleben, müssen sie das zuerst einmal zulassen, sich überhaupt eingestehen, dass so etwas ganz normal ist. Darauf vertrauen, dass auch eine solche Nacht wieder vergeht und sogar dabei helfen kann, das eigene Leben hinterher in anderem Licht zu sehen; nicht den Anspruch haben: „Es muss alles gleich wieder vergehen, ich muss alles durchschauen können" – das verlangt Demut; aber genau diese Demut führt uns aus der Nacht heraus.

Ich lag einmal ziemlich krank in einer Klinik, und das Ergebnis am Vortag von Weihnachten war trotz vierwöchiger Bettruhe noch schlechter als zu Beginn. Der Heilige Abend war gekommen, und ich war an einem Punkt angelangt, an dem es mir fast gleichgültig war, ob es einen Gott gibt oder nicht. Ich kam mir vor, als ob ich in eine unendliche Tiefe fallen würde. Es blieb mir nur mehr das kurze Gebet: „*Kyrie eleison*, Herr, erbarme dich meiner."

Dann merkte ich: Ich falle und falle, doch ganz in der Tiefe, unter mir, gibt es eine Hand, die mich auffängt. Erst in dem Augenblick, da ich alle eigene Sicherheit verloren hatte und bereit war, auch das Nichts zu akzeptieren, habe ich die Erfahrung gemacht: es gibt noch einen, der mich hält. Das *Kyrie* wurde zum *Gloria* der Christnacht weitergeführt. Als ich schon ins Bodenlose stürzte, war auf einmal eine Hand da. So, wie es Rainer Maria Rilke in dem Gedicht „Herbst" ausdrückt: „Und doch ist Einer, welcher dieses Fallen unendlich sanft in Händen hält" (Aus: *Das Buch der Bilder*).

Eine Erfahrung, die alle Zweifel übersteigt.

Sich im Leid tragen lassen

Ich habe keinen Anspruch darauf, ständig die Nähe Gottes zu erleben. Es ist schön, sie zu erfahren, aber es bleibt ein Geschenk. Selbst Jesus kannte Augenblicke, in denen er seinen Vater nicht gespürt hat, Augenblicke der Gottesferne. Seine erschütternden Worte am Kreuz waren: „Mein Gott, mein Gott, warum hast du mich verlassen?" Und Gott fing ihn auf. Wir haben einen Gott, der bis in die tiefsten Abgründe mit hinabgestiegen ist und alle unsere Nöte nachempfinden kann. Der Schrei „Warum hast du mich verlassen?" bedeutet: Jesus hatte nichts mehr, aber auch gar nichts mehr, worauf er sich stützen konnte. Er vertraute nur noch darauf, dass der Vater ihn nicht bei den Toten belassen würde.

Wenn wir in einer solchen „dunklen Nacht" feststecken und die Finsternis vielleicht schon Wochen oder Monate dauert, dürfen wir trotzdem darauf vertrauen, dass einer da ist. Auf diesem Vertrauen kann der schwache Glaube wieder wachsen, bis er sich in neuem Licht der Sonne weiter entwickelt. Und erst der Sturm sorgt für tiefe Wurzeln.

Wenn wir unsere Augen öffnen, werden wir vielleicht entdecken, dass es auch noch anderes in unserem Leben gibt. Ist wirklich alles nur dunkel? Und schauen wir nicht nur auf uns selbst. Schauen wir auf andere Menschen, wie sie aus dem Glauben heraus leben und mit ihren Nöten umgehen – und was dann alles Gutes geschieht.

Wenn Heiligsprechungen anstehen – das liegt uns Deutschen zwar nicht so besonders –, dann bedeutet das letztlich doch: Hier ist im Leben eines Menschen Gott sichtbar geworden. Er oder sie hat Dinge getan, die außergewöhnlich waren, die ohne Gott nicht möglich gewesen wären.

In der Geschichte der Kirche gibt es neben all den Schattenseiten auch viel Licht. Wozu sind und waren zum Beispiel die

Benediktiner hilfreich? Streichen wir einmal in Gedanken alles aus der Geschichte, was durch die Benediktiner und andere Mönche vermittelt wurde. Dann ist auf einmal unsere abendländische Schulbildung und die ganze lateinische Literatur weg. Die Klosterschulen haben die römischen Grundlagen übernommen, in den Schreibstuben der Mönche wurden die Texte der klassischen Antike kopiert. Unsere Kulturlandschaft würde gänzlich anders aussehen, und ob unsere Landwirtschaft so weit entwickelt wäre wie heute, dürfen wir bezweifeln. Die ganzen Auswirkungen können wir uns heute gar nicht mehr vorstellen.

Und dieser große Orden bestand immer nur aus einzelnen Menschen, die ihrem Lebensziel gefolgt sind, aus einzelnen Gemeinschaften, die in ihrer Umgebung verwurzelt waren. Sie wirkten nicht nur geistlich, sondern auch kulturell. Diese kulturelle Entfaltung ist weltweit in dieser Form einzigartig. Ihr Wirken ist konkret sichtbar gewordener Glaube.

Sichtbar gewordene Liebe

Im Brief an die Römer 8,28 schreibt Paulus etwas, das nachdenklich stimmt: „Wir wissen, dass Gott bei denen, die ihn lieben, alles zum Guten führt." Das schließt auch leidvolle Erfahrungen ein. Wenn man Gott in sein Leid einlässt, besteht die Möglichkeit, dass er es zum Guten führt.

Eine Frau, die als junges Mädchen ihr Kind abgetrieben hat, weil sie allein dastand und keinen anderen Ausweg wusste, später aber in ihrem Leben unter dieser Entscheidung leidet, sagt vielleicht: „Ich will nicht, dass andere Mädchen auch etwas so Schreckliches erfahren müssen." Und sie baut eine Hilfsorganisation auf, die jungen Frauen in dieser Situation mit Rat und Tat zur Seite steht, die ihnen vermittelt: „Du bist nicht allein, es gibt andere Möglichkeiten. Wir helfen dir, wir schaffen das." So ist aus ihrem Leid etwas Gutes geworden.

Wenn wir mitten im Leid stecken, können wir vielleicht noch anderes entdecken, was außerhalb unserer bisherigen Erfahrungen liegt. Könnte es nicht auch sein, dass wir im Leid etwas über uns selbst lernen, das wir sonst nie erkannt hätten – unsere kleinen und großen Lebenslügen erkennen oder einfach eine Situation durchschauen, wie sie wirklich ist?

Jemand steht beispielsweise vor einem Burnout und ist schwer krank. Dann gilt es, den Kern der Frage zu verändern. Es sollte nicht mehr heißen: „Wie werde ich möglichst schnell wieder gesund?", sondern: „Wie gehe ich mit meiner Krankheit um, was will sie mir sagen?" Bei meinem Vater habe ich erlebt, wie er mit 57 Jahren plötzlich aus der Berufsbahn geworfen wurde. Da hat die ganze Familie ihn mitgetragen, und später hat er nochmals Arbeit gefunden. Im Leid ist es wichtig zu erfahren: Ich bin nicht allein, ich muss es nicht allein tragen.

Auch Jesus kannte die Einsamkeit. Am Ende haben ihn alle verlassen, alle Jünger sind davongelaufen. Nur Maria und Johannes standen noch unter dem Kreuz, und ein paar Frauen haben aus der Ferne zugeschaut, wie der Johannes-Evangelist berichtet. Jesus musste die totale Einsamkeit durchstehen, er weiß genau, wie sich das anfühlt.

Wie gehe ich mit Krankheit, mit Leid oder mit einem Jobverlust um? Wenn jemand eine schlimme Diagnose bekommen hat und nun das Gefühl hat, alles sei zu Ende, kann er sich auch sagen: „Wenn ich mein Leben betrachte, wer bin ich dann eigentlich? Was macht meinen Wert aus? Die Sportlichkeit, das tolle Auftreten, die Karriere, die Leistungen? Oder dass ich gerade in diesen Moment mein Leiden annehme, nicht resigniere, sondern akzeptiere: Auch das stellt ein Stück meines Lebens dar, damit möchte ich zunächst auskommen."

So hat es Johannes Paul II. getan. Ich kenne Menschen, die durch sein Beispiel zum Glauben gefunden haben. Wenn man selbst schwer krank geworden ist, sieht auf einmal alles anders aus. Johannes Paul II. hat in seiner Krankheit und in seinem Sterben ein beeindruckendes Beispiel gegeben. Er hat seine Zerbrechlichkeit nicht versteckt, und gerade in dieser Schwachheit lag seine besondere Würde. Bis hin zu diesem letzten Gruß am Fenster, mit der erhobenen Hand, unfähig, noch ein Wort zu sprechen.

Darum geht es: sich am Ende der eigenen Kraft in diesem Gott geborgen zu wissen.

Leid gehört zum Leben

Viele Menschen verzweifeln an der Frage, wo Gott bleibt, wenn ihnen plötzlich ein Unglück passiert oder wenn sie von Naturkatastrophen erfahren, bei denen Menschen völlig unverschuldet sterben. Kinder ertrinken bei einem Tsunami, Bergleute werden verschüttet, und dann heißt es: „Ich kann nicht mehr an einen Gott glauben, der so etwas zulässt."

Gott ist aber weder eine Gouvernante noch ein Bodyguard, der am Wegesrand steht und alles Unheil von mir abhalten muss. Eine solche Vorstellung wäre recht naiv.

In manchem sind wir Menschen auch unverbesserlich. Trotz Tsunami bauen die Fischer wieder ihre Häuser am Meer, und wir geben bei einem erneuten Tsunami wieder Gott die Schuld. Natürlich, wo sollen sie auch ihre Häuser bauen? Sie müssen ja nahe am Wasser sein. Unser Leben ist ständig in Gefahr, auf die eine oder andere Art. Es gibt keine Sicherheit, keine Garantie auf eine dauerhafte Idylle. Das wäre eine falsche Glücksvorstellung.

Es gehört mit zur Welt, dass es Naturkatastrophen gibt. Ich brauche nicht einmal zu unterscheiden zwischen solchen, die von selbst auf uns zukommen, aufgrund der Naturgesetze und der Naturgewalten, oder solchen, die durch Menschen verursacht worden sind. Ob es nun Klimakatastrophen sind oder die Bergleute, die verschüttet wurden: Wir können alle möglichen Sicherheitsvorkehrungen treffen, und trotzdem wird es immer wieder Unfälle und unvorhersehbare Ereignisse geben.

In meiner Studienzeit fuhr ich jedes Jahr mit der Bahn über den Brenner nach Rom. Ich habe dabei auch die große Brenner-Brücke im Bau gesehen. Da hingen in schwindelnder Höhe die Arbeiter, die an Seilen befestigt geschafft haben, und eines Tages erfuhr ich, dass drei von ihnen abgestürzt sind. Mir fiel dabei mein Namenspatron Notker von St. Gallen ein. Er hat von seinem Fenster beobachtet, wie Arbeiter eine Brücke über einem hohen Abgrund erstellt haben, und dabei die Verse verfasst: „Mitten im Leben sind wir vom Tod umfangen …"

Das ist die Wirklichkeit des Lebens.

Ebenso gehört zu dieser Wirklichkeit, dass nicht jeder 90 Jahre alt wird. Es wird immer wieder vorkommen, dass Kinder sterben, dass allein erziehende Mütter ihre Kinder zurücklassen müssen – wir werden das nicht auflösen. Wir werden auch nicht unbedingt erfahren, wofür etwas gut ist. Kinder können natürlich an so etwas zerbrechen. Wir können aber auch versuchen, eine solche Situation durch einen reifen, auf Gott ausgerichteten Umgang mit dem Schicksal abzumildern.

Ich kannte eine Frau, die mit 42 Jahren im Sterben lag. Sie hat ihren Mann und ihre beiden Kinder ans Bett gerufen und gesagt: „Seid nicht traurig. Mein Leben reicht nur bis hierher. Aber ihr habt mich gehabt, und ich habe euch gehabt, ich konnte euch das Leben schenken, das ist mein großes Glück. Liebe Ulrike, lieber Martin, kümmert euch um euren Papa, so wie er sich um euch kümmert. Lernt gut, werdet anständig, und findet einen guten Beruf. Ich werde euch vom Himmel aus begleiten."

So hat sie ihre Familie verabschiedet und zurückgelassen. Das ist ein Zeugnis großer Reife; es gab kein Klammern, kein Anklagen. Glücklich, wer aus so einem Glauben leben kann.

„Der Herr hat gegeben, der Herr hat genommen, gelobt sei der Name des Herrn", so sagte Ijob (1,21), als eine Unglücksmeldung nach der anderen über ihn hereinbrach. Er sagte das nicht einfach so dahin, resignativ, sondern aus dem glaubenden Bewusstsein heraus, dass er kein Anrecht auf Glück hat, dass vielmehr alles in der Hand Gottes liegt, aber auch darin bestens geborgen ist. Er gibt die Hoffnung nicht auf und sagt zu seinen Freunden: „Doch ich, ich weiß: mein Erlöser lebt, als Letzter erhebt er sich über dem Staub. Ohne meine Haut, die so zerfetzte, und ohne mein Fleisch werde ich Gott schauen" (19,25–26).

Das Angebot, das der Glaube macht, ist das Versprechen, dass letzten Endes alles in Gott aufgehoben ist. Aber das bedeutet bei Weitem nicht, dass ich auf jede Frage von Gott eine Antwort bekomme oder gar bekommen muss.

Wir müssen uns entscheiden, ob wir uns mit der Frage aufhalten wollen, warum etwas passiert ist, oder ob wir zur Tat schreiten und zum Beispiel den Kindern der verstorbenen Mutter helfen. Gott ist in jedem Leid nahe, und oft schenkt er seinen Trost und Beistand in Gestalt von anderen Menschen. Wir selbst sind seine Hände.

Wenn wir nicht mehr weiter wissen und dann jemand da ist, mit dem wir gemeinsam beten können, ist das ein Segen. Damit ist die Situation selbst noch nicht besser geworden, aber wir kommen besser damit zurecht.

Letztlich bleibt: Ich weiß als Mensch auf vieles keine Antwort – und muss es auch gar nicht, oder umgekehrt: Muss ich, um glücklich zu sein im Leben, auf jede Frage eine Antwort haben? Nein. So zumindest sehe ich es.

Die Kunst des Loslassens

Loslassen können ist eine große Kunst. Eine Situation, ein Problem einfach mal stehen lassen zu können. Wenn ich nicht alles tun muss, dann brauche ich auch nicht alles zu tun.

Ich bin nicht für alles in der Welt verantwortlich, und ich muss auch nicht alles erklären können. Es gibt Leute, die meinen, sie seien für alles zuständig. Geben wir diese Überverantwortlichkeit auf; sonst kommen wir nie zur Ruhe.

Benedikt weist den Abt an: „Er sei nicht stürmisch und nicht ängstlich, nicht maßlos und nicht engstirnig, nicht eifersüchtig und allzu argwöhnisch, sonst kommt er nie zur Ruhe" (Benediktusregel 64,16).

Wenn es uns gelingt, die Überverantwortlichkeit hinter uns zu lassen, wird manches im Leben leichter. Das gilt auch für leidvolle Erfahrungen; dann reibt sich meine Kraft nicht mehr auf in der Suche nach Erklärungen. Ich konzentriere mich stattdessen auf den Weg, den ich gehen muss, auf dem ich stets getragen werde, auch wenn jeder Schritt zunächst schwer fällt und ich ab und zu daneben trete oder nicht mehr weiter weiß.

Der Glaube wird dann seine Kraft entfalten, wenn ich diesen Mut zum Loslassen aufbringe und den ersten Schritt wage. Wenn ich dagegen die Flügel nicht bewege, stürze ich ab.

Oder nehmen wir an, jemand kann nicht schwimmen. Er muss sich klar werden, dass er Selbstvertrauen braucht, um nicht unterzugehen, und dann kann er loslegen. Ohne diesen ersten, eigenen Antrieb, schwimmen zu lernen, geht es nicht. Mag er anfangs mehrmals Wasser schlucken, irgendwann gelingt es.

Mich angesichts von Leid und Zweifeln nicht der Gleichgültigkeit und aufgrund von Leid und Tod nicht der Schockstarre hinzugeben, kann viel Kraft kosten. Doch es reicht, kleine Schritte zu machen. Denn auch kleine Vögel flattern erst einmal etwas un-geschickt durch die Gegend, bis sie fliegen können wie die Möwe Jonathan. Aber mit der Übung werden die Flügel stärker.

Diese Unsicherheit, wie es ist wenn man anfängt loszufliegen, hält viele davon ab, überhaupt zu starten. Haben wir den Mut, setzen wir unsere Flügel ein! Steigen wir aus dem Nest heraus. Nur so entwickeln wir die Kraft, um uns möglicherweise gegen einen Kuckuck zu wehren, der uns aus dem Nest werfen will.

Was bedeutet das Bild? Nun, zu vielen Entwicklungen in unse-rem Leben haben wir durch unsere Entscheidungen beigetragen. Jetzt haben wir es uns möglicherweise bequem eingerichtet und sind schwerfällig und behäbig geworden; wir passen gar nicht mehr so recht in das Nest, wir haben den richtigen Zeitpunkt ver-passt, die Schwingen wieder auszubreiten.

Wenn Sie kurz vor einem Burnout stehen oder den ersten Herzinfarkt bekommen, dann ist das ein deutliches Zeichen da-für, dass ein Kuckuck Sie aus dem Nest werfen will. Jemand, der massiv in ihr Leben eingreift und es bedroht. Er wirft einen ein-fach aus der Geborgenheit, und spätestens jetzt muss man sich entscheiden: Entweder, ich werde unten auf dem Boden aufpral-len, oder ich breite die Flügel erneut aus und fliege wieder.

Es mag anfangs ungelenk sein, und eine starke Böe wird uns manchmal umwerfen. Aber wie ein Kind mit Übung und Wachs-tum kräftiger wird, kann auch jeder von uns die nötige Kraft auf seinem und für seinen Glaubensweg entwickeln.

Wie das aussieht und wie herrlich es ist, endlich loszufliegen, darum soll es im nächsten Kapitel gehen.

Teil 4

Wie der christliche Glaube Flügel verleiht

Der christliche Glaube schenkt mir das Vertrauen darauf, dass mein Leben gelingt, weil ich weiß, dass ich mit Gott gehe, beziehungsweise dass er mit mir geht. Damit habe ich eine Perspektive für mein Leben. Ich brauche mich um vieles in dieser Welt nicht zu sorgen.

Mein Buch heißt nicht umsonst „Schmetterlinge im Bauch." Ein Bild, das sonst im Zusammenhang mit Verliebten verwendet wird. Ja, ich bin verliebt. Dieser Glaube kitzelt. Das Leben prickelt.

Wir dürfen mit Gott aufregende Dinge wagen. Es ist wie damals, als Petrus aus dem Boot herausstieg und tatsächlich ein paar Schritte auf dem Wasser ging. Dann plötzlich überkam ihn die Angst und er begann, nach Jesus zu schreien. Und Jesus? Er streckte die Hand aus, ergriff ihn und sagte: „Du Kleingläubiger, warum hast du gezweifelt?" (Matthäus 14,25).

Mit diesem Gott im Rücken können wir uns in das Abenteuer des Lebens begeben. Als ich meine erste Chinareise antrat und später eine nach Nordkorea, haben mir viele gesagt: „Das ist doch verrückt! Hast du denn keine Angst?" Mir gibt mein Vertrauen auf Gott eine fast kindliche Unbefangenheit, mir Dinge zuzutrauen. Das galt auch für die Entscheidung, ins Kloster zu gehen, wo ich vorher auch nicht recht wusste, was einmal alles auf mich zukommen würde. Mein Glaube hat mein Leben nicht eingeengt, sondern enorm bereichert.

Wer einen Ruf, eine Berufung spürt, bei dem fängt es an zu kribbeln. Es lockt einen heraus aus den Bequemlichkeiten des Lebens. Wenn ich meine Furcht loslasse, dann kann ich mich auf solch einen Ruf einlassen, und dabei lerne ich mich selbst viel besser kennen. Und ich bekomme noch wesentlich mehr: Ich drehe mich, nicht mehr um mich selbst, sondern ich entdecke, wie ein Verliebter, jemand anderen.

Wenn ich mir Jesus vorstelle, wie er durch die Lande gezogen ist…

Ich saß einmal am Ufer des Sees Genezareth auf einem Balken und malte mir aus, wie er mit seinen Jüngern dort entlang marschiert ist. Das waren Männer, die ihre Schiffe, ihre Netze, ihre Väter und Brüder zurückgelassen hatten, um Jesus zu folgen, die ohne zu zögern aufgebrochen waren. Irgendwann fragten sie dann Jesus ganz erschrocken: „Was haben wir jetzt davon?"

Aber sie blieben fast alle dabei. Was er ihnen verheißen hat, muss so stark gewesen sein, dass sie es gewagt haben, ihr ganzes Leben aufs Spiel zu setzen – und dass sich bis heute unzählige Menschen auf einen ähnlichen Weg begeben.

Wie konnten diese Männer einfach alles stehen und liegen lassen und mit Jesus gehen? Denn war das nicht verantwortungslos? Zumindest scheint es irgendwie verrückt zu sein.

Auch wir können mit diesem Jesus Dinge wagen, die anderen nicht im Traum einfallen würden, die sie gar nicht mitbekommen. Dabei verpassen sie ganze Dimensionen des Lebens!

Es ist wie mit der Liebe. Niemand kann voraussagen, was geschieht, wenn zwischen zwei Menschen das große Kribbeln im Bauch einsetzt. Da reißen ganz neue Horizonte auf, da weiß noch keiner, wie das alles laufen wird. Plötzlich scheint alles möglich zu sein.

Der Berechnende sagt: „Ich verlasse mich nur auf mich selbst." Doch weder die Liebe noch der Glaube sind berechnend. Gläubigen Menschen fällt es leichter zu sagen: „Schauen wir mal", und sich damit einzulassen auf diese Geschichte, die sich vor mehr als 2.000 Jahren ereignete.

Wie kann man sich ihr wieder nähern?

Hautnah erlebt

Ich war zwar nie lange im Heiligen Land, aber das Wenige, was ich gesehen habe, hat mich mehr als beeindruckt. Ich lese das Evangelium heute ganz anders, nachdem ich einige Orte einmal gesehen und erlebt habe. Vergleichbar ist das mit der Liebe zu einem Land. Ich lebe in Italien. Viele Menschen lieben Italien. Und sie merken auch genau den Unterschied, ob sie sich daheim im Ofen eine Pizza backen oder sie an einem lauen Sommerabend draußen in einer kleinen italienischen Trattoria verspeisen. Die Sprache, die Gerüche, das Lebensgefühl, die ganze Umgebung – das macht so viel aus.

Doch Israel ist viel mehr. Dort kann man sich vor Augen malen, gewissermaßen nachempfinden, wie Jesus vielleicht diesen oder jenen Weg entlang gegangen ist. Und plötzlich ist seine Menschlichkeit keine abstrakte Angelegenheit mehr. Wie er mit seinen Jüngern auf dem Weg angehalten und versucht hat, ihnen die Sache mit dem Balken im eigenen Auge und dem Splitter in dem Auge des Nächsten zu erklären. Er war ein Lehrer für sie, ein Rabbi, und manchmal ist er einfach so mit ihnen ein Stück spazieren gegangen, und sie haben geredet.

Mich hat besonders Jerusalem beeindruckt. Die Altstadt in ihrer quirligen Lebendigkeit zu erleben, die heute noch sehr ähnlich wie zu Zeiten Jesu ausschaut. Ich hatte das Glück, in der Grabeskapelle kurz allein zu sein. Dann fallen einem die Worte Jesu ein, und man begreift in geradezu unfassbarer Weise: Hier sind diese Worte gesagt worden! Das hat mich sehr berührt. Oder die Via Dolorosa: Jesu Kreuzweg auf seinen Spuren zu folgen, das geht auch heute noch so, als wäre es gestern gewesen. Ich merke, wie gut es mir tut, wenn ich mich solchen Orten aussetze und ihnen nachspüre.

Viele dieser klassischen Stätten sind leider so zugebaut, dass man sich nur noch schwerlich vorstellen kann, wie es dort einmal gewesen ist. Aber an manchen Orten kann man es noch spüren. Wenn ich in Rom die Via Appia hinausfahre und an der Kirche „Quo vadis" vorbeikomme, denke ich jedes Mal an Petrus, wie er wieder einmal davonlaufen wollte.

Ich kann das nur zu gut verstehen. Er fühlte sich allein in Rom, auch wenn er Menschen um sich hatte. Er wusste auch um die mögliche Marterqual. Kannte er Angst, tiefe Angst? Ich glaube, sehr wohl. Oder war es die Frage „Was soll das Ganze eigentlich?" Auch das wäre verständlich.

Auf seiner Flucht aus Rom begegnete ihm der Legende nach Jesus Christus, und Petrus fragte ihn: „Quo vadis, domine?" Auf diese Frage: „Wohin gehst du, Herr?", antwortete dieser: „Nach Rom, um mich erneut kreuzigen zu lassen." Petrus erkannte in diesem Moment seinen Weg, kehrte um, und es folgten seine Verhaftung und Kreuzigung. An der Stelle, wo Christus ihm begegnet ist, steht heute diese Kirche.

Wie mächtig muss eine solche Begegnung mit diesem Jesus Christus sein, dass Menschen ihrer Berufung folgen?
Diese Entscheidungen werden greifbarer, wenn man die Orte vor Augen hat, an denen sie sich ereignet haben.

Wir reden hier nicht nur von einem Hurra-Glauben. Gerade die Geschichten der Jünger zeigen uns, dass dieser Glaube mitten im Leben spielt. Paulus stöhnt zwischendurch, was er manchmal alles aushalten muss. Aber gerade bei Paulus sehen wir, wie der Glaube Flügel verleihen kann. Aus dem Christenverfolger wurde der große, unerschrockene Verkünder der Botschaft Jesu Christi. Er hatte eine tiefe Begeisterung und Liebe für Christus: „Weh mir, wenn ich das Evangelium nicht verkünde!", ruft er den Korinthern zu. Und er sieht die Botschaft Jesu als eine Botschaft der Befreiung: „Was wir glauben, darauf kommt es an, nicht auf das Einhalten der ganzen Vorschriften", schreibt er (sinngemäß) den ganz Frommen, den Strenggläubigen, die mit ihrem kompletten

Regelwerk ankamen, dessen Einhaltung ihnen als das Wichtigste erschien.

Diese Freiheit und Leidenschaft für Jesus, den er zuerst verfolgt hat, sowie seine Fähigkeit, andere zu begeistern, die Art, wie er sie alle mitgezogen hat, das begeistert auch mich. Er verstand es, die Leute zu packen.

Viele Menschen, gerade aus der älteren Generation, verbinden mit dem christlichen Glauben Angstgefühle. Aber Paulus und Petrus müssen mit etwas anderem bei den Menschen gepunktet haben. Was haben sie vermittelt? Liebe, Hoffnung, Perspektive, Angenommensein … wie und was auch immer – sie waren dem auferstandenen Jesus Christus begegnet, dessen Person und Botschaft sie so gepackt hat, dass sie für ihn schließlich sogar in den Tod gegangen sind. Eine solche glühende Überzeugung steckt an.

Das heißt nicht, dass diese beiden großen Apostel immer einer Meinung gewesen wären. Es kam zu einer harten Auseinandersetzung, und Paulus hatte den Mut, sich Petrus und den anderen Aposteln in Jerusalem entgegenzustellen, mit ihnen zu streiten und zu ringen.

Auch das gehört zum Glauben. Nicht einfach alles brav und billigend hinzunehmen, sondern die mitunter schwere Auseinandersetzung zu suchen, der man aber stets anmerken sollte, dass die Wahrheit, das Ringen um den besten Weg im Mittelpunkt steht und nicht Rechthaberei oder Machtfragen.

Dieses Kribbeln im Bauch

Dieses Kribbeln, diese Schmetterlinge im Bauch, wie kann ich erklären, warum der Glaube diese Gefühle bei mir auslöst?

Mir fällt dazu der Begriff der Unbefangenheit ein. Ein Schmetterling flattert fröhlich durch die Gegend, mal dahin, mal dorthin. Er lässt sich nieder, saugt etwas Nektar auf und schaut, wo er die nächste Stärkung findet. Christlicher Glaube ist keine tierisch ernste Angelegenheit. Das hat nichts mit Oberflächlichkeit zu tun, sondern mit einer Zwanglosigkeit, die gerade aus dem Glauben erwächst.

Sehen wir doch nicht alles so streng, verbeißen wir uns nicht immer so. Auch Jesus hat das Leben genossen.

Das entspricht leider oft nicht dem, was Menschen mit Glauben verbinden. Da heißt es eher: „Du musst das tun, du musst jenes tun", oder: „Du darfst dieses und jenes nicht tun." Ein Schmetterling weiß, was er tun muss, um zu überleben, aber er lässt sich auch vom Wind tragen und treiben. Denn wenn er gegen den Wind anflattern würde, wäre er mit seinen Kräften schnell am Ende.

Die Kunst des Glaubens besteht manchmal eben darin, sich vom Leben sozusagen treiben zu lassen. Das hat nichts mit einer „Mir doch egal"-Haltung zu tun. Aber es kann auch einmal angesagt sein, vertrauensvoll das Leben sich ereignen zu lassen, statt immer gegen den Strom zu schwimmen. Glaube befreit zu einer gesunden Sorglosigkeit des Lebens.

Einige Schmetterlinge schwirren regelrecht vor einer strahlenden Blüte, bevor sie den Nektar herausziehen. So sollte es eigentlich sein: Wir müssten schwirren vor Begeisterung, weil wir entdeckt haben, wo wir die beste Nahrung für unser Leben finden. Sich von Gottes Willen an seinen Platz tragen zu lassen und diesen im Rahmen seiner Kräfte zu gestalten – das ist erfülltes Leben.

Von der Raupe zum Schmetterling

Der Schmetterling kommt nicht als solcher auf die Welt. Zuvor ist er eine Raupe, dann lebt er in seinem Kokon. Es gibt auch Phasen im Leben, in denen der Glaube kaum merklich wächst, wo er sich entfalten und entwickeln muss. Bei einer Raupe sieht man nicht auf den ersten Blick, was einmal daraus werden wird. Es dauert seine Zeit, bis sie soweit ist; und dann entfaltet sich auf einmal die ganze Schönheit.

Eine Raupe ist noch auf einen kleinen Lebensraum eingeengt, aber ein Schmetterling zu sein vergrößert den Radius enorm. Was wollen wir sein, Raupen oder Schmetterlinge? Bleiben wir im Kokon? Nein, durchbrechen wir ihn, damit wir unsere Flügel ausbreiten können!

Der Glaube selbst kann wie ein schützender Kokon sein, in dem ich mich zu dem entwickle, als der ich gedacht bin. Einem Kokon sieht man nicht an, welche Herrlichkeit aus ihm heraussteigen kann.

Die Kunst besteht darin, zur rechten Zeit aus dem Kokon auszubrechen. Komme ich zu früh heraus, sind meine Flügel nicht ausgereift und ich kann sie nicht entfalten. Verlasse ich ihn zu spät, droht die Gefahr, dass die Blumen längst verblüht sind, wenn ich sie zum Leben brauche.

Die Natur hat dafür gesorgt, dass keine ungesunden Verzögerungen auftreten oder der Kokon vor der Zeit aufbricht. Naturgesetze sind uns vorgegeben und erhalten uns am Leben, aber wir sind so sehr aus dem Rhythmus der Natur geraten. Wieder zu einem natürlichen Rhythmus zu finden gehört mit zu den Grundlagen heutiger Medizin. Dinge in Ruhe reifen zu lassen und den richtigen Zeitpunkt zum Aufbruch zu spüren – sind wir dazu noch in der Lage?

Bei Schmetterlingen faszinieren mich die herrlichen Flügel, die man im Raupenstadium noch nicht einmal erahnt. Man sieht sie nicht, aber sie sind längst angelegt. So ist es auch mit dem Menschen. Erst im Licht der Liebe Gottes kann er seine Anlagen voll entfalten und Qualitäten zeigen, die man früher nicht einmal hätte erahnen können.

Die Schönheit eines Schmetterlings kann man lange anschauen und bestaunen. Im Missionsmuseum von Sankt Ottilien gibt es große Schaukästen mit Schmetterlingen aus Afrika und Lateinamerika in allen Formen und Farben. Die Vielfalt ist herrlich! Auch beim Glauben ist es so. Jeder Mensch glaubt ein Stück weit anders, weil alle in unterschiedlichen Formen und Farben angelegt sind. Und diese bunte Vielfalt macht den Reiz erst aus.

Fliegen muss man lernen

Blicken wir noch einmal auf die Vögel. Stellen Sie sich einen jungen Vogel vor, der das Fliegen erst noch lernen muss. Wenn er bei seinen ersten Versuchen aus dem Nest gefallen ist, schwirren die Alten um ihn herum und ermutigen ihn, es weiter zu versuchen. Die Alten sorgen für ihn, füttern ihn, passen auf ihn auf und üben mit ihm, bis er flügge wird.

Im Glauben flügge zu werden heißt, das Leben mit Gottes Hilfe meistern zu lernen.

Viele Eltern geben ihren Kindern die Glaubensdimension des Lebens beim Flüggewerden nicht mehr mit. Ich habe neulich einen Buchtitel gesehen: *„Kinder nicht um Gott betrügen."* Betrug ist ein hartes Wort – aber es gibt bestimmte Prägungen, die man meines Erachtens im Kindesalter besonders gut vermitteln kann und sollte. Ein tiefer Glaube an Gott, eine vertrauensvolle Grundhaltung kann Kindern helfen, stabiler durchs Leben zu gehen. Wer selbst diese Prägung nie in ihrer befreienden Wirkung erfahren hat, sollte trotzdem erste Flügelschläge versuchen. Es ist nie zu spät.

Unsere Perspektive darf die eines Adlers sein, der ruhig in den Höhen kreist und sich vom Aufwind tragen lässt.

Zu meinem 70. Geburtstag hat eine Benediktinerin die Predigt gehalten und auch über einen Adler gesprochen: „Was möchten wir Abt Notker heute wünschen? Die Lesung aus Jesaja (40,30 ff.), die wir eben gehört haben, schenkt uns ein Bild für unseren Wunsch: *Die Jungen werden müde und matt, junge Männer stolpern und stürzen. Die aber dem Herrn vertrauen, schöpfen neue Kraft, sie bekommen Flügel wie Adler. Sie laufen und werden nicht müde, sie gehen und werden nicht matt.*

Flügel wie Adler – ein kühnes Bild. Wir alle wissen, wie gern sich Notker in die Lüfte erhebt, und manche meinen, wenn er nicht abheben kann, ist ihm nicht wohl. Trotzdem, das Bild vom stolzen und mächtigen Adler, dem König der Vögel, dessen Flügel eine immense Spannweite haben und der in höchsten Höhen sein Nest baut, das Bild von diesem edlen, überaus seltenen Vogel aufzugreifen, ihr Symbol ist für Macht und Sieg – ist es nicht zu gewagt, für das, was wir sagen wollen, dieses Bild heraufzubeschwören? Flügel wie Adler – was wollen wir Abt Notker damit wünschen? Greifen wir noch einmal auf die Bibel zurück. Sie übermittelt uns sogar eine durch naturwissenschaftliche Beobachtungen gedeckte Eigenschaft des Adlers, die für uns eine Rolle spielt. Im Deuteronomium (32,11) hören wir, wie der Adler, der sein Nest beschützt und über seinen Jungen schwebt, seine Schwingen ausbreitet, sein Junges ergreift und es flügelschlagend davonträgt. Adler bauen auf hohen Felsklippen, über tiefem Abgrund ihre Nester, das weiß man. Wie aber lernen junge Vögel in dieser ausgesetzten Situation das Fliegen? Es heißt, dass der Adler das Junge ergreift, mit ihm über den Abgrund fliegt und es dann fallen lässt. Das Junge stürzt in die Tiefe, es scheint verloren, aber plötzlich schießt der alte Adler, der vorher ruhig seine Kreise gezogen hat, steil nach unten, fängt das Junge auf und trägt es wieder nach oben … und dies so oft, bis der junge Adler selbst zu fliegen gelernt hat. Wir wünschen unserem Primas für seine Aufgaben diesen Mut, zuzupacken, loszulassen und wieder anzufangen. Mit scharfem Blick und der Kenntnis des rechten Zeitpunkts für sein Handeln. Wir kennen an ihm Spontaneität, die Fähigkeit, sich für Neues zu öffnen, ungewöhnliche, unbequeme und auch gewagte Unternehmungen zu unterstützen. Wir wissen, dass er mit großem Einsatz fördert, was ihm sinnvoll und notwendig erscheint. Möge ihn sein Vertrauen auf das Wirken des Herrn Tag für Tag erneuern und kräftigen, so wie der Adler urplötzlich mit seinen großen Schwingen scheinbar ohne große Anstrengung in große Höhen steigt."

Diese Kraft, dieses Getragensein – das empfinde ich wirklich so, und das ermutigt mich. Dazu fällt mir mein Abtsmotto ein: „Jubilate deo – Lobpreiset Gott!"

Lobe den Herrn, meine Seele, und vergiss nicht, was er dir Gutes getan hat: der dir all deine Schuld vergibt und all deine Gebrechen heilt, (…) der dich dein Leben lang mit seinen Gaben sättigt; wie dem Adler wird dir die Jugend erneuert (Psalm 103,2 und 5).

Ich wünsche jedem Menschen hilfreiche Begleiter an seiner Seite für diesen aufregenden Teil seines Lebens. Und ich wünsche mir das Miteinander von Menschen, die zusammen die Spuren Gottes in ihrem Leben verfolgen. Wenn man abstürzt wie ein junger Adler, wenn man im Glauben noch nicht so stark ist wie ein großer Adler, dann kann der Ältere herbeieilen und den Jungen wieder auffangen. Das wäre wirkliche Seelsorge: jemanden begleiten, bis er selbst sicher fliegen kann.

Natürlich ist es eine sehr persönliche Frage, ob man den Glauben an Gott als Lebensentwurf betrachten kann und will. Das ist ein Wagnis. Da spielt die Angst mit herein, auf vieles verzichten und Gewohntes verändern zu müssen. Ja, es wird sich etwas ändern, aber das passiert zunächst einmal drinnen, in unserem Innersten.

Wenn man seinen Blickwinkel verändert, dann sieht auch der so genannte Verzicht nicht mehr so tragisch aus. Wenn jemand in Erwägung zieht, in ein Kloster einzutreten, raten wohlmeinende Menschen oft ab und machen darauf aufmerksam: „Du darfst dann dies und das alles nicht mehr."

Die Menschen sehen das Ordensleben oft nur unter dem Blickwinkel, was wir alles nicht dürfen. Ich halte dagegen: „Ich muss das alles nicht machen." Dieser vermeintliche Verzicht, kann auch großen Gewinn bedeuten; denn er macht von vielen Wünschen und Abhängigkeiten frei.

Das gilt nicht nur für das Kloster, sondern auch für jeden anderen Lebensentwurf. In der Freiheit des Verzichts werden sich Blick und Herz weiten. Wir werden eine gesteigerte Wahrnehmungsfähigkeit für Gottes Spuren in unserem Leben feststellen und manche Dinge, die vorher so wichtig waren, nicht mehr nötig haben. Wir werden mit uns selbst und mit anderen liebevoller umgehen, weil wir merken, dass dieser Gott uns nicht zu einem Leben voller Druck und Sorge berufen hat. Wir werden feststellen, worum es im Leben wirklich geht.

Liebe und nochmals Liebe

Es geht um Vertrauen und vor allem darum, in Liebe zu leben. Die Liebe macht mich letztlich frei, sie schenkt mir das Angenommensein, das sich viele so sehr wünschen, sie macht glücklich. Sei es die Liebe Gottes, die Liebe zu und von anderen Menschen, oder meine Fähigkeit, mich und andere barmherzig anzuschauen. Verletzungen, Erwartungsdruck, Versagensängste und was auch immer das Leben schwer macht, wird zugedeckt vom Mantel der Liebe. Ein liebevoller Blick auf den Anderen bewahrt vor Ärger, Wut, Sorgen und Unterdrückung.

Wie zentral die Liebe in allem ist, lesen wir in einer der beliebtesten Bibelstellen, im Hohelied der Liebe im ersten Korintherbrief (13,1–13):

Wenn ich in den Sprachen der Menschen und Engel redete, hätte aber die Liebe nicht, wäre ich dröhnendes Erz oder eine lärmende Pauke. Und wenn ich prophetisch reden könnte und alle Geheimnisse wüsste und alle Erkenntnis hätte; wenn ich alle Glaubenskraft besäße und Berge damit versetzen könnte, hätte aber die Liebe nicht, wäre ich nichts. Und wenn ich meine ganze Habe verschenkte und wenn ich meinen Leib dem Feuer übergäbe, hätte aber die Liebe nicht, nützte es mir nichts.

Die Liebe ist langmütig, die Liebe ist gütig. Sie ereifert sich nicht, sie prahlt nicht, sie bläht sich nicht auf. Sie handelt nicht ungehörig, sucht nicht ihren Vorteil, lässt sich nicht zum Zorn reizen, trägt das Böse nicht nach.

Sie freut sich nicht über das Unrecht, sondern freut sich an der Wahrheit.

Sie erträgt alles, glaubt alles, hofft alles, hält allem stand. Die Liebe hört niemals auf. Prophetisches Reden hat ein Ende, Zungenrede verstummt, Erkenntnis vergeht. Denn Stückwerk ist unser Erkennen, Stückwerk unser prophetisches Reden; wenn aber das Vollendete kommt, vergeht alles Stückwerk.

Als ich ein Kind war, redete ich wie ein Kind, dachte wie ein Kind und urteilte wie ein Kind. Als ich ein Mann wurde, legte ich ab, was Kind an mir war.

Jetzt schauen wir in einen Spiegel und sehen nur rätselhafte Umrisse, dann aber schauen wir von Angesicht zu Angesicht. Jetzt erkenne ich unvollkommen, dann aber werde ich durch und durch erkennen, so wie ich auch durch und durch erkannt worden bin.

Für jetzt bleiben Glaube, Hoffnung, Liebe, diese drei; doch am größten unter ihnen ist die Liebe.

Was mich besonders fasziniert, sind die Worte: „Und wenn ich prophetisch reden könnte und alle Geheimnisse wüsste und alle Erkenntnis hätte; wenn ich alle Glaubenskraft besäße und Berge damit versetzen könnte, hätte aber die Liebe nicht, wäre ich nichts." Alles, was frommen Menschen wünschbar sein könnte, wäre nichts ohne die Liebe.

Die ersten Verse beziehen sich alle auf *mich*. Erst die Liebe setzt frei, hilft mir also, mich von mir selbst zu lösen, und genau darum geht es.

Das, was uns in Gott begegnet, ist bedingungslose Liebe. Eine Bibelstelle wie „das geknickte Rohr wird er nicht zerbrechen" (Matthäus 12,20) bedeutet auch für uns, dass wir liebevoll und barmherzig mit anderen Menschen umgehen sollen.

Leben im Glauben ist die Entscheidung dafür, ein Leben in Liebe zu leben. Anderen Menschen zu helfen, für sie da zu sein, sich um sie zu kümmern. Mit den barmherzigen Augen Gottes auf die Menschen zu blicken.

Diese Sätze der Bibel haben eine enorme Sprengkraft. Sie stellen das übliche Frömmigkeitsbild auf den Kopf. Frömmigkeit allein zählt nicht, beziehungsweise sie ist ohne die selbstlose Liebe wertlos. Manch einer verbringt sehr viel Zeit in der Kirche, sieht aber nicht den Bettler an der Straßenecke oder die Not der Nachbarin. Ich bin sicher, jede Mutter, die liebevoll ihre Kinder großzieht, wird vor mir in den Himmel gehen. Ich habe großen Respekt vor solchen Menschen; mir reicht es, wenn auch ich in den Himmel gelange.

Erst im Kontext der Liebe kann ich meinen Glauben wirklich leben. Und in diesen Kontext muss ich mich bewusst stellen. Vielleicht müssen wir dafür etwas ändern in unserem Leben. Das bedeutet nicht, dass alle Menschen ihre Jobs aufgeben und ins Kloster gehen müssen. Die Veränderung beginnt vor allem mit der eigenen Einstellung zu den Dingen. Wie viel Ehrgeiz steckt hinter all dem, was wir tun? Können wir nicht etwas von einer Frau lernen, die für andere da ist? Liebe? Demut?

Und wenn ich noch so klug wäre und alles Mögliche wissen würde, erst in der Liebe wird es vollendet. „Wenn ich in den Sprachen der Menschen und Engel redete, hätte aber die Liebe nicht …" Ich kann ein noch so guter Prediger sein, ohne die Liebe „wäre ich dröhnendes Erz oder eine lärmende Pauke". Ein herausforderndes Wort!

Wir müssen uns immer wieder vorstellen, was das eigentlich heißt: „hätte aber die Liebe nicht, wäre ich nichts."

Ja, Paulus sagt: „Nichts"!

Und dann beginnt erst die Beschreibung der Liebe:

Die Liebe ist langmütig, die Liebe ist gütig. Sie ereifert sich nicht, sie prahlt nicht, sie bläht sich nicht auf. Sie handelt nicht ungehörig, sucht nicht ihren Vorteil, lässt sich nicht zum Zorn reizen, trägt das Böse nicht nach.

Sie freut sich nicht über das Unrecht, sondern freut sich an der Wahrheit. Sie erträgt alles, glaubt alles, hofft alles, hält allem stand. Die Liebe hört niemals auf (Vers 4–8).

Eine unmögliche Forderung, meinen viele. Wir setzen heute aber oft auf falsche Werte. Wir meinen: „Beeindruckend, was dieser Mann oder diese Frau alles tut und bewirkt!" Doch all das zählt letztlich nicht. Es ist anerkennenswert, wenn Menschen vieles schaffen, aber erst wenn es aus Liebe geschieht, gewinnt es an Wert.

Und deshalb ist die Liebe nicht losgelöst vom Glauben, sondern erst der Glaube, der sich in der Liebe entfaltet und verwirklicht, erst dieser Glaube ist vollkommen. Und auch diese Liebe ist dann vollkommen; denn mit unserer emotionalen Auffassung von Liebe hat das wenig zu tun.

Der Glaube kann uns dabei helfen, zu einem liebevollen Menschen zu werden oder es *wieder* zu werden. Er macht mich frei von falschen Bildern und Erwartungen, auch von solchen, die andere in mich setzen. Er führt mich zum anderen und damit auch zu mir.

Der Glaube ist nicht erst das Sahnehäubchen auf dem Höhepunkt unseres Lebens, er gibt dem ganzen Leben erst Geschmack.

Er füllt unser Dasein mit einem tiefen Sinn, und diese Tiefe ermöglicht es uns, uns leicht zu fühlen, weil wir viel von dem Ballast ablegen können, mit dem wir die innere Leere sonst auszufüllen versuchen.

Wer leicht geworden ist, kann sich in die Lüfte erheben. Dazu muss man aus dem Nest heraussteigen, sich adlergleich vom Felsvorsprung stürzen und seine Flügel ausprobieren. Oder sich voller Vertrauen von Gottes Liebe tragen lassen, wie ein Schmetterling vom Wind.

Ob Sie sich eher als Schmetterling oder als Adler fühlen, als junger Vogel, als Raupe oder noch im Kokon eingehüllt: Lassen wir uns fallen und fangen wir an zu fliegen! Wir fliegen nicht allein.